スポーツの未来を考える ❶

スポーツ団体の
マネジメント入門

透明性のあるスポーツ団体を目指して

SPORTS

新日本有限責任監査法人 著

同文舘出版

刊行にあたって

　本書は新日本有限責任監査法人が,「スポーツの未来を考える」と題して企画した書籍です。近年,スポーツのビジネス化が進み,多くの書籍がスポーツ・ビジネスを取り上げて,いかにスポーツに経営マネジメントの発想を取り入れるかという観点から議論を展開しています。それに対して,本書は各種競技の普及と発展に取り組むスポーツ団体に焦点を当てて,その運営や管理方法などについて解説したものです。

　2020年の東京オリンピック開催が決定し,わが国では国民のスポーツへの関心がより一層高まっています。近代スポーツがわが国で本格的に普及し始めたのは明治時代に遡りますが,それから短期間のうちに,スポーツは私たちの日常生活に欠かせないものとなりました。私たちはスポーツを娯楽として楽しみ,スポーツを通じて学び,スポーツを通じて人と繋がっているのです。

　スポーツは誰もが平等に日常から気軽に楽しめるものも多く,その魅力を語れば尽きることはありません。一方,現在ではビジネスの世界にも,スポーツが広まっています。「人が集まるところにビジネスは生まれ,ビジネスのあるところに人は集まる」と言いますが,多くのファンを抱えるスポーツに関しては大企業からベンチャー企業までさまざまな企業が関連する周辺ビジネスを営み,一大産業となりつつあります。その結果,集客力のあるスポーツは世界的にもこれまでの産業区分を超え,収益規模を拡大し続けています。

　しかし,もし利益の最大化という名目で,特定の誰かのために不公平に利用されてしまえば,スポーツはその魅力を失ってしまいます。フェアでなくなってしまうとスポーツ観戦等を通じて得られる充足感は減退し,ビジネスとしての魅力も失われてしまいます。そう考えると実は,スポーツの公平さと純粋さを守りながらビジネス展開することが,個人の楽しみや幸福と企業の利益の最大化を両立させることにつながるといえるでしょう。

新日本有限責任監査法人の主たる業務である「監査」は，主に企業，自治体を直接のクライアントとしながら，国民経済の健全な発展に寄与することを使命として，公正な立場から意見を表明することが求められます。クライアントと真摯に向き合いながら，公共の利益に資するために公正であることが求められる監査法人だからこそ，公平さと純粋さを追求するスポーツの健全な発展に役立つはずであると考えています。そうした思いから，本書の企画はスタートしました。新日本有限責任監査法人は，東京オリンピックの開催が決定される数年前から，2020年に向けた成長戦略として"Vision 2020"を掲げ，"Building a better working world（より良い社会の構築を目指して）"を理念に，プロフェッショナル・サービス業界のリーディング・カンパニーを目指しています。オリンピック招致を契機に国民の関心が高まっているスポーツの発展に専門家として寄与することで，より良い社会の構築に少しでも貢献したいと考えています。

　本書は，そもそもスポーツ団体とは何なのか，から始まり，スポーツ団体の組織構成や法規制ならびに経理や税務について解説し，最後に，スポーツ団体における規程作りや不正対策，危機管理など，スポーツ団体をマネジメントする上で必要な知識までを網羅的に解説する内容としています。

　本書が，スポーツ団体の理事や職員の皆さまが実務を行う際に，また各種研究機関の研究や大学を初めとする教育機関での教育，さらにはスポーツを愛する皆さまが地域スポーツ等に取り組む際に，一つの道標としてお役に立てれば幸いです。

　最後に，本書の執筆，編集，および出版に至るまでの過程で多大なるご尽力を頂戴いたしました同文舘出版社の青柳裕之氏に心よりお礼申し上げます。

平成27年4月

　　　　　　　　　　　　　　　　　　　　新日本有限責任監査法人
　　　　　　　　　　　　　　　　　　　　　　理事長　　英　公一

目 次

第Ⅰ部　スポーツ団体とは

1　スポーツ団体の歴史とその役割 …………………………………… 3
　1．スポーツ団体の定義　　3
　2．スポーツ団体の歴史　　4
　3．スポーツ団体の役割　　8

2　スポーツ団体を取り巻く環境 …………………………………… 10
　1．スポーツ団体の目的別分類　　10
　2．スポーツ団体の連携　　12
　3．利害関係者　　14
　4．資金の流れ　　15

Column　スポーツ団体への就職　　21

第Ⅱ部　スポーツ団体の組織運営

3　スポーツ団体の形態 ……………………………………………… 25
　1．法人格を有する団体　　25
　2．法人格がない団体　　32

4　スポーツ団体の設立 ……………………………………………… 36
　1．法人格の種類と設立手続き　　36

5 スポーツ団体の組織構成 ……………………………………… 46
1. スポーツ団体に求められる組織構成　46
2. 組織構成の考慮すべき要素　49

6 スポーツ団体のヒトの管理 ……………………………………… 52
1. 選手　52
2. 会員　55
3. ボランティア　58

7 スポーツ団体に関係する法規制 ……………………………… 61
1. スポーツ基本法　63
2. 国際的な法規制　65
3. 反ドーピングに関するルール　66
4. スポーツにおける紛争と仲裁・調停　68

Column　スポーツ団体の内部統制　70

第Ⅲ部　スポーツ団体の経理

8 スポーツ団体の経理業務 ……………………………………… 75

9 スポーツ団体の会計処理 ……………………………………… 80
1. 会計基準　80
2. 特徴的な収益項目と会計処理　81
3. 特徴的な費用項目と会計処理　85
4. NPO法人に特有の会計処理　87

10 スポーツ団体の予算管理 ……………………………………… 88
1. 予算管理の意義　88
2. 予算の種類　89
3. 予算計画の策定　91
4. 予実分析　93

11 スポーツ団体の資金管理 ……………………………………… 95
1. 資金管理の重要性　95
2. 資金収支計画の作成方法　97
3. 資金調達方法　101
4. ファンドレイジング　103

12 スポーツ団体の損益管理 …………………………………… 107
1. 損益概念の導入　107
2. 損益概念の予算　108

13 スポーツ団体の情報開示 …………………………………… 114
1. 情報開示の必要性　114
2. 法律による情報開示　115
3. 助成金・補助金交付のための申請と報告　127
4. 登録している競技団体等への報告　128
5. 自主的な情報公開　129

Column　スポーツイベント会計　130

第Ⅳ部　スポーツ団体の税務

14　法人税 ……………………………………………………………… 137
1．法人税概論　137
2．スポーツ団体の法人税法上の区分　138
3．公益社団法人・公益財団法人の税務上の特徴　141
4．申告手続　144

15　その他の税金 ……………………………………………………… 147
1．地方税　147
2．消費税　148

第Ⅴ部　スポーツ団体の健全な運営のために

16　ルール・規程の整備 ……………………………………………… 153
1．ルール・規程の整備の必要性　153
2．運営規程　154
3．選手選考基準　161

17　不正の防止 ………………………………………………………… 164
1．スポーツにまつわる不正　164
2．不正の原因　165
3．不正に対するアプローチ　166
4．不正を許さない価値観　170

18 危機管理 …………………………………………………… 172
　1. 危機管理とは　　172
　2. 危機管理の重要性　　173
　3. 危機管理の取り組み　　174

Column　スポーツ・インテグリティ　　177

付　録

A　主なスポーツ団体一覧 ……………………………………… 184
B　情報開示例 …………………………………………………… 186
C　損益管理ツール ……………………………………………… 199
D　ルール・規定事例 …………………………………………… 200

第Ⅰ部
スポーツ団体とは

1 スポーツ団体の歴史とその役割

▶ 1．スポーツ団体の定義

　2011年8月に「スポーツ基本法」（平成23年法律第78号）が施行され，近年におけるわが国のスポーツの理念と施策の基本事項が定められました。その書き出しの条文にスポーツ団体が登場します。これまでもスポーツ団体はわが国のスポーツの発展を支えてきましたが，スポーツの未来を支える新しい法律において，国や地方公共団体と並ぶ重要な役割を果たす存在としてスポーツ団体が位置づけられたのです。

スポーツ基本法　第一条

> 「この法律は，スポーツに関し，基本理念を定め，並びに国及び地方公共団体の責務並びにスポーツ団体の努力等を明らかにするとともに，スポーツに関する施策の基本となる事項を定める（以下省略）」（第1章 総則 第一条）

　「スポーツ基本法」はさらに，第二条において，スポーツ団体を「スポーツの振興のための事業を行うことを主たる目的とする団体」と定義しています。現代においてスポーツ団体は規模も組織形態もさまざまです。例えば，日本体育協会，都道府県体育協会，日本体育協会に登録している中央競技団体（例：日本サッカー協会，日本陸上競技連盟，全日本剣道連盟，全日本軟式野球連盟など），各種年代別団体（例：全国高等学校体育連盟，全日本学生柔道連盟，日本リトルシニア中学硬式野球協会など），プロスポーツに携

わるスポーツ団体（例：日本野球機構，日本プロゴルフ協会，日本プロサッカーリーグなど），スポーツを通じた教育や生涯スポーツの普及に取り組むスポーツ少年団や総合型地域スポーツクラブ，スポーツの研究等を行う団体（例：国立スポーツ科学センター，笹川スポーツ財団など），スポーツを支援する団体（例：日本スポーツ振興センター，スポーツ安全協会など）が挙げられます。また，ストリートダンス，腕相撲，ラジオ体操など，あらゆるスポーツにおいてその普及と発展を目標に設立されたスポーツ団体があり，しかも1つのスポーツに対して年代や地域ごとに細分化されて結成された複数のスポーツ団体があるケースもみられます。設立形態も一般法人から任意団体までさまざまであり，新たに設立されるスポーツ団体も多いです。そのため，すべてのスポーツ団体を網羅的に把握することは難しいかもしれませんが，本書ではできるかぎり多くのスポーツ団体を取り上げていきたいと思います。

▶ 2．スポーツ団体の歴史

　日本には，古事記や日本書紀においても存在が確認されている相撲や，飛鳥時代に大陸から持ち込まれたといわれる蹴鞠といった伝統的なスポーツがあります。中世における武士の台頭とともに確立した騎射競技や鷹狩もわが国の伝統的なスポーツの1つといえるでしょう。一方，わが国の近代スポーツの多くは，主に明治時代以降に軍隊と学校を窓口として欧米諸国から輸入されてきました。ここでは，明治以降の近代スポーツの浸透と，それに伴うスポーツ団体の誕生と発展を概括します（図表1-1）。

(1) 明治・大正

　当初，近代スポーツは，主に高等教育機関で行われた課外活動が中心となり普及が進みました。特に，1886（明治19）年に設立された「帝国大学運動会」がスポーツの浸透と発展の中核を担い，学校スポーツを牽引しました。その

設立以降，高等商業学校運動会，第一高等中学校校友会，慶應義塾体育会，高等師範学校運動会等がそれぞれ設立され，学校間の競技対抗を通じて近代スポーツの活性化が進められてきました。

　スポーツが国民の精神充実や体力向上に貢献すると明確に位置づけられ，国家全体での組織的な環境整備が進められるに至る契機となったのが，1911（明治44）年に開催された第5回オリンピック競技会（ストックホルム）への参加でした。後に日本人初のIOC（国際オリンピック委員会）委員となる嘉納治五郎氏を初代会長とし，オリンピック初参加に向けて大日本体育協会（現・日本体育協会）が設立されました。以降，日本体育協会は，同時期に設立された日本陸上競技連盟，日本水泳連盟等の各中央競技団体と連携し，今日まで国民スポーツの普及・振興や，日本のスポーツ環境整備の中心を担ってきました。

(2) 昭和初期

　昭和初期に入ると，日本体育協会を中心としたスポーツ行政も戦時下の影響を色濃く受けるようになります。軍部は，スポーツを軍事力の充実に向けた体力向上の国家的手段として位置づけ，画一的なスポーツ行政を推進しました。また，第2次世界大戦下においては，欧米スポーツ，それに関する外国語の使用が禁じられるなど，近代スポーツの発展は停滞することになりました。

　終戦を迎えると，戦時下とは打って変わり，スポーツは敗戦により困窮を極めていた国民に勇気と希望を与える役割を期待されます。終戦翌年の1946（昭和21）年には，日本体育協会の主催で第1回国民体育大会が開催されました。また，1949（昭和24）年には「社会教育法」が制定され，スポーツがレクリエーション活動として社会教育の一分野と認められる法的根拠が明確になります。国や地方公共団体が行政の一環としてスポーツ環境の整備を図る枠組みが生まれ，戦前に発足された日本体育協会の都道府県支部が都道府県体育協会として改組されました。

この頃に設立されたスポーツ団体として，日本社会人野球協会（現・日本野球連盟），日本蹴球協会（現・日本サッカー協会），日本排球協会（現・日本バレーボール協会），全日本柔道連盟等が挙げられます。こうした中央競技団体の多くは大正時代から昭和時代にかけて発足しています。

(3) 高度経済成長期

　その後，高度成長期に入ると，国内経済が急速な発展を遂げる中，1959（昭和34）年のオリンピック東京大会開催決定やプロ野球，大相撲の流行を背景に，スポーツに対する一般国民の関心が強く高まります。1961（昭和36）年には，このようなスポーツの人気の高まりを受けて，スポーツに関する行政の方向性や基本事項を纏めた「スポーツ振興法」が制定されました。

　この頃，日本中学校体育連盟，日本スポーツ少年団，市町村競技団体，市町村体育協会等，より細分化された年代・地域を管轄するスポーツ団体が設立されました。

(4) 昭和後期～平成

　高度経済成長が一服すると，都市化の進行，余暇時間の増大，高齢化社会進展などに伴い，スポーツに対する国民のニーズも多様化しました。スポーツの種類も増え，1964（昭和39）年の東京オリンピックでは20競技163種目でしたが，2012（平成24）年のロンドンオリンピックでは26競技302種目になりました（2014（平成26）年のソチ冬季オリンピックの7競技98種目を加えると400種目のオリンピック種目があることになります）。その他，オリンピック種目には含まれないスポーツも人々の間に広がり，このようなスポーツの多様性の進行と，スポーツに対する国民の意識の変化を背景に，スポーツ団体の在り方やその規模，目的も多様化しました。NPO法人による総合型地域スポーツクラブ等，小規模な団体の設立も多く見受けられるようになりました。

　この時期に設立されたスポーツ団体として，日本プロサッカーリーグ（J

リーグ），日本ビーチバレー連盟（現・日本ビーチバレーボール連盟），日本フットサル連盟などが挙げられます。また，スポーツを科学的に研究し支援しようとする国立スポーツ科学センター，日本スポーツ振興センターが設立され，国をあげてのスポーツの強化・普及が行われています。さらには，スポーツに係る各種産業が1つのまとまりをもった産業として認識されるようになったのもこの時期です。それに伴い，スポーツ健康産業団体連合会，スポーツ産業学会が設立されています。

　2000（平成12）年度には，政府が主導する公益法人制度改革が進められたことに伴い，多くのスポーツ団体も公益法人化を進めていきます。一方で，公益法人となったことで，これまで以上に公正さが要求されることになり，スポーツ界においても透明性・公正性の向上が強く意識されるようになりました。最近では，スポーツ団体のあり方を問う出来事が散見されています。

図表1-1　日本におけるスポーツ団体の変遷

明治・大正	昭和初期	高度経済成長期	昭和後期～平成
軍隊・学校を主流の窓口とした近代スポーツの流入。各高等学校において運動会が創設され，学校の課外活動を中心としたスポーツが普及・発展。1911（明治44）年オリンピックに初参加。	戦時下において軍部主導のスポーツ行政が展開。戦後は，スポーツが国民に勇気と希望を与えるものとして復興。スポーツに関する法制度が整備される。	急速な経済成長を謳歌する中で，スポーツが一大ブームに。1964（昭和39）年東京オリンピック開催。1972（昭和47）年札幌冬季オリンピック開催。スポーツ行政の方向性を示すスポーツ振興法が制定。	スポーツに対する国民意識が多様化。1998（平成10）年長野冬季オリンピック開催。2002（平成14）年サッカーワールドカップ開催。ラグビーワールドカップ（2019年）開催決定。東京オリンピック（2020年）開催決定。スポーツ振興投票の実施等に関する法律，公益法人制度改革，スポーツ基本法の制定等，環境変化に応じた法整備が進む。
日本体育協会が設立。日本体育協会や各中央競技団体等のスポーツ団体が中心となり，組織的に環境設備を進める取り組みの基盤が構築された。	戦時中はスポーツ団体の役割も制限された。戦後はスポーツ団体がスポーツ振興の主導的役割を果たす。	より細分化された市区町村の各種スポーツ団体が発足。	スポーツ団体の在り方も多様化が進み，新しい競技団体の他にも，スポーツの研究，支援を行う団体も数多く設立。

そこで，スポーツ界・スポーツ団体が大きな変化に直面する中で，時代に即したスポーツ行政に改めるべく,「スポーツ振興法」が制定後50年を経過した2011（平成23）年に,「スポーツ基本法」へと改められました。

▶ 3. スポーツ団体の役割

現在，わが国のスポーツ行政の中核を担っているのが文部科学省です。スポーツ行政組織については，関連法により，国においては文部科学省が，地

図表1-2　スポーツの社会的意義

①青少年の健全育成	スポーツは，心身の健全な発育・発達を促すだけではなく，それを通じて，青少年は自己責任やフェアプレイの精神を身につけることができる。また，仲間や指導者との交流を通じて，青少年のコミュニケーション能力を育成し，豊かな心と他人に対する思いやりをはぐくむ。さらに，様々な要因による子どもたちの精神的なストレスの解消にもなり，多様な価値観を認めあう機会を与える。
②地域における連帯感の醸成	スポーツを通じて住民が交流を深めていくことは，住民相互の新たな連携を促進するとともに，一つの目標に向い共に努力し達成感を味わうことや，住民が地域に誇りと愛着を感じることにより，地域の一体感や活力を醸成し，人間関係の希薄化などの問題を抱えている地域社会の再生にもつながる。
③国民経済への寄与	スポーツを振興することは，スポーツ産業の広がりとそれに伴う雇用創出等の経済的効果を生み，我が国の経済の発展に寄与するとともに，国民の心身両面にわたる健康の保持増進に大きく貢献し，医療費の節減の効果等が期待される。
④国際的な友好と親善	スポーツは世界共通の文化の一つであり，言語や生活習慣の違いを超え，同一のルールの下で互いに競うことにより，世界の人々との相互の理解や認識を一層深めることができる。 このように多様な意義を有する文化としてのスポーツは，現代社会に生きるすべての人々にとって欠くことのできないものとなっており，国民一人一人が自らスポーツを行うことにより心身ともに健康で活力ある生活を形成するよう努めることが期待される。 なお，人間とスポーツとのかかわりについては，スポーツを自ら行うことのほかに，スポーツをみて楽しむことやスポーツを支援することがある。スポーツをみて楽しむことは，スポーツの振興の面だけでなく，国民生活の質的向上やゆとりある生活の観点からも有意義である。また，スポーツの支援は，ボランティアとしてスポーツの振興に積極的にかかわりながら，自己開発，自己実現を図ることができる。人々は，このような多様なかかわりを通じて，生涯にわたる豊かなスポーツライフを実現していく。スポーツへの多様なかかわりについても，その意義を踏まえ，促進を図っていくことが重要である。

方においては都道府県および市区町村の教育委員会がスポーツ行政の主務機関であると定められています。

　文部科学省は、「スポーツ振興基本計画」において、「スポーツは、人生をより豊かにし、充実したものとする、人間の身体的・精神的な欲求にこたえる世界共通の人類の文化の1つである。心身の両面に影響を与える文化としてのスポーツは、明るく豊かで活力に満ちた社会の形成や個々人の心身の健全な発達に必要不可欠なものであり、人々が生涯にわたってスポーツに親しむことは、極めて大きな意義を有している」と説明し、スポーツの社会的意義として「①青少年の健全育成」、「②地域における連帯感の醸成」、「③国民経済への寄与」、「④国際的な友好と親善」、の4つを掲げています（図表1－2）。

　このことから、実際に社会でのスポーツの普及・推進を担うスポーツ団体においても、上記の4つの意義に資する事業運営を果たすことが役割として期待されています。

■参考文献

笹川スポーツ財団（2013）『スポーツ歴史の検証 Vol.1』笹川スポーツ財団
佐野昌行・黒田次郎・遠藤利文編著（2014）『図表で見るスポーツビジネス』叢文社
関春南（1970）「戦後日本のスポーツ政策：オリンピック体制の確立」『一橋大学研究年報．経済学研究』14巻
中澤篤史（2008）「大正後期から昭和初期における東京帝国大学運動会の組織化過程―学生間および大学当局の相互行為に焦点を当てて」『体育学研究』（社団法人日本体育学会）53巻2号
中澤篤史（2011）「学校運動部活動の戦後史」『一橋社会科学』（一橋大学）3巻
中村祐司（2006）『スポーツの行政学』成文堂
森川貞夫（1973）「大日本体育協会「組織改造問題」の一考察」『日本体育大学紀要』3巻，11頁
文部科学省HP
日本オリンピック委員会HP
日本相撲協会HP
日本体育協会HP

2 スポーツ団体を取り巻く環境

▶ 1. スポーツ団体の目的別分類

　近年では，大小さまざまなスポーツ団体が存在します。ここでは，それらを主目的に基づいて5つに分類しました（図表2-1）。

図表2-1　各種スポーツ団体のグループ

グループ	主目的	例
第1グループ	競技自体の普及・発展	日本陸上競技連盟 日本水泳連盟 日本サッカー協会 日本バスケットボール協会 日本テニス協会
第2グループ	特定分野に特化した活動	日本オリンピック委員会 日本野球機構 日本プロゴルフ協会 日本学生陸上競技連合
第3グループ	青少年の教育，健康増進，レクリエーション	総合型地域スポーツクラブ スポーツ少年団 日本レクリエーション協会
第4グループ	科学的研究	国立スポーツ科学センター 日本フットボール学会 日本トレーニング科学会 日本スポーツ心理学会
第5グループ	スポーツ自体の普及，振興，助成，支援	スポーツ安全協会 日本スポーツ振興センター 日本アンチ・ドーピング機構 日本スポーツ仲裁機構 スポーツ産業学会

1つ目のグループは，特定のスポーツの振興を直接担う各種競技団体です。このグループには，日本陸上競技連盟，日本水泳連盟，日本サッカー協会，日本バスケットボール協会などの中央競技団体をはじめ，特定の競技種目全体の普及と発展に寄与することを目的とした団体が多く含まれます。

　2つ目のグループは，特定分野，例えばある大会や競技種目の中の一定の競技項目にスポットを当てた団体です。例として，オリンピックに特化した日本オリンピック委員会，サッカーの中でもプロリーグの運営を行う日本プロサッカーリーグが挙げられます。

　3つ目のグループとして，スポーツを通じた青少年の健全教育や生涯スポーツによる国民の健康増進を図ろうとするスポーツ団体が挙げられます。これらには，日本体育協会が拡大を牽引してきたスポーツ少年団や総合型地域スポーツクラブが含まれます。また，日本レクリエーション協会など，各種団体がその目的の達成を目指して取り組んでいます。

　4つ目のグループとして，スポーツを科学的に研究している団体のグループが挙げられます。研究内容を論文等で公表するとともに，実践面での活用も行っています。国立スポーツ科学センター，日本トレーニング科学会等が含まれます。

　5つ目のグループとして，スポーツの振興・助成・サポートを目的とする団体が挙げられます。スポーツ全体の振興・競技種目の助成等を目的とするだけでなく，フェアプレイの精神等，スポーツを行う上で当然必要であろうと考えられる基礎的な知識の敷衍も目的としています。本グループの例としては，スポーツ安全協会，日本アンチ・ドーピング機構等が挙げられます。その他，スポーツ振興投票（通称 toto）を運営する日本スポーツ振興センター，スポーツ産業を研究対象としているスポーツ産業学会やスポーツ健康産業団体連合会も，このグループに含まれるでしょう。

▶ 2. スポーツ団体の連携

　スポーツ団体の目的や業務内容は，上述した種類ごとにさまざまです。ここでは陸上競技を例に，1つの競技においてどのようにスポーツ団体が関連しているかを図表2－2にまとめてみました。

　まず第1グループの競技自体の普及・発展を主目的とする団体として，日本陸上競技連盟があります。日本陸上競技連盟は中央競技団体として，陸上競技全体の発展等を目的としており，事業内容の中核として，陸上競技の普及および指導者の育成，競技力の向上等を掲げています。そのための具体的施策として，各種専門員会を中心として，種目ごとの合宿（ブロック合宿）や，公認コーチの養成講習等の実施，各種競技会やイベントの開催等の事業を営んでいます。また，これらの事業展開は都心部に集中せず，地方都市でも実施され，陸上競技発展のための活動を全国的に展開しています。

　次に，第2グループの特定分野に特化した団体の具体例として，日本学生陸上競技連合を挙げました。競技会等の実施，審判員研修等，日本陸上競技連盟の業務内容と同様の活動を行ってはいるものの，競技会が日本学生陸上競技対校選手権であるなど大学生の競技に特化した団体となっています。

　第3グループの青少年の教育，健康増進，レクリエーションを行う団体ですが，全国に陸上クラブは数多く存在しています。その1例として，世界選手権メダリストの為末大氏がプロデュースするランニングチーム，CHASKIを挙げてみました。広島の小中学生を対象に陸上競技の指導を通じて，運動や学習能力のアップを目標に掲げています。

　第4グループの競技の科学的研究を行う団体は，日本陸上競技学会のように論文等の研究発表や学会の開催等という学問的な活動を展開したり，国立スポーツ科学センターや日本スポーツ振興センター等のように競技力向上への医学的・科学的支援活動を実施したりしています。

　第5グループのスポーツ自体の普及・振興・助成・支援を行っている団体は，ある競技等に特化するのではなく，業務が多岐にわたる傾向があります。

図表2-2 スポーツ団体の事業内容・具体的事業（陸上競技を例として）

グループ	団体名	事業内容	具体的事業
第1グループ	日本陸上競技連盟	1. 普及および指導者の育成 2. 競技力の向上および代表参加者の選定および派遣	1. アスリート発掘育成プロジェクトクリニック、公認コーチ養成講習会 2. 選手強化（国内外強化合宿・トップレベル競技者への処遇改善）等、代表参加者の選定・派遣（世界陸上競技選手権への派遣）、医科学サポート調査・研究、ドーピング防止活動
第2グループ	日本学生陸上競技連合	1. 競技会 2. 育成 3. 調査研究 4. 組織管理	1. 日本学生陸上競技対校選手権大会、出雲全日本大学選抜駅伝競走等 2. ユニバーシアード競技大会への派遣、学生審判員研修会等 3. 日本学生記録年鑑の発行、研究調査『陸上競技研究』の発行等 4. 理事会の開催、会報の刊行等
第3グループ	CHASKI	陸上競技を中心とした指導を通じた運動&学習能力の向上	・広島の小中学生を対象とした指導 ・練習会の開催や競技会への参加
第4グループ	日本陸上競技学会	1. 学芸大会（学術集会）の開催（年1回） 2. 学術雑誌『陸上競技会誌』の発刊 3. 研究会・講演会等の開催	同左
第5グループ	日本アンチ・ドーピング機構	1. ドーピング防止教育・研修事業 2. スポーツ振興くじ助成事業 3. ドーピング検査事業	1. ドーピング防止に関する研修、ドーピング防止に関する教材、WEBサイトの作成、長期国際派遣研修の実施 2. ドーピング防止のためのガイドブック作成、ドーピング分析機器等整備 3. JADA主管検査の実施、WADA受託検査の実施
第4,5グループ	笹川スポーツ財団	1. スポーツ振興のための研究調査 2. スポーツ振興のための支援 3. スポーツ振興機関との連携 4. スポーツ歴史の検証 5. スポーツアカデミーの開催 6. スポーツガバナンスに関する研究 7. スポーツ行政のあり方に関する研究 8. スポーツ政策学生会議の開催 9. 文部科学省受託事業（健常者と障碍者のスポーツレクリエーション活動連携推進事業）	1. 調査結果の公表等、スポーツライフに関する調査、周知啓発、国際会議への出席等、スポーツ白書 2. 笹川スポーツ研究助成（スポーツ振興のための研究発表会） 3. 横手市スポーツ立市宣言への協力、スポーツ政策意見交換会実施等 4. 日本スポーツ牽引者へのインタビューの実施、書籍化 5. スポーツ基本計画が示すわが国スポーツの諸課題に関する講義の開催 6. シンポジウムの開催、Webリレーエッセイの実施、関連書籍の発行 7. 意識調査の実施、Web座談会の実施 8. Sport Policy for Japanの開催 9. 調査検討会議の開催

ここでは，アンチ・ドーピングの普及を行う日本アンチ・ドーピング機構を挙げました。同機構は，研修等の開催を全国各地で行うだけでなく，競技者自身にアンチ・ドーピングの必要性を訴える活動を実施しています。第5グループのスポーツ団体は，構成員にさまざまな競技経験者が多く存在していることも多く，他の団体とも積極的に連携をとった上で業務内容を拡大することを可能にしています。日本アンチ・ドーピング機構では，さまざまな種目のオリンピックメダリストが委員に名前を連ねています。

最後に，第4グループおよび第5グループにまたがる形で活動するスポーツ団体として，笹川スポーツ財団を紹介しておきます。1991（平成3）年にスポーツ・フォア・オールのスローガンを掲げて設立され，定款において「わが国のあらゆるスポーツの普及，振興，育成を図り，調査，研究，政策提言を行うことで，国民の心身の健全な発達と明るく豊かな国民生活の形成に寄与することを目的とする」として，研究活動から支援まで幅広い分野で活動しています。

このように，1つの競技に対して，さまざまな観点から活動を行うスポーツ団体が存在しており，時に連携をとりながら，その競技の普及と振興に努めているのです。

3. 利害関係者

1つのスポーツには，社会的な注目度に応じてさまざまな利害関係者がいます。ここで，利害関係者とは，ある組織に対して直接・間接的な利害関係を有する者を指すと一般的に解釈されます。この点，スポーツ団体であれば，法人形態（公益財団法人，公益社団法人，一般財団法人，一般社団法人，NPO法人等）を問わず，多くの利害関係者が存在します。主な利害関係者としては，選手，指導者，当該スポーツ団体の運営主体およびスポンサー，ファンやサポーター，メディア，地域社会，国や地方自治体，所属する加盟団体，協力団体，競技施設運営者等が挙げられます。

図表2-3 スポーツ団体の利害関係者

第1分類	所有者（株主／親会社）
第2分類	競技関係者（選手、監督、指導者、スタッフ、競技リーグ）
第3分類	ファン、サポーター
第4分類	メディア
第5分類	ビジネス（スポンサー、マーチャンダイジング）
第6分類	その他（自治体、競技施設）

　図表2-3は利害関係者を6つに分類して列示したものです。

　スポーツ団体は常にこうした利害関係者に配慮し，利害関係者から信頼を得られるように，透明性のある組織であることが望まれています。

▶ 4．資金の流れ

　ここでは，多くのスポーツ団体の財源となっている補助金・助成金・交付金の観点から，日本のスポーツの統括団体である日本オリンピック委員会，日本スポーツ振興センターおよび日本体育協会の役割をみていきます。今後スポーツの重要性が高まるにつれて，スポーツ団体に流れる資金が増加することが予想され，資金の全体的な流れを理解しておく必要があります。

　資金の流れを把握するときにまず認識する必要があるのが，わが国のスポーツ行政です。わが国のスポーツ行政は文部科学省を中心に，関連省庁と連携して進められています。代表的な関連省庁として，高齢者や障碍者への健康増進・スポーツ普及等を担う厚生労働省，スポーツ施設の整備を担当する国土交通省が挙げられます。文部科学省は，地方スポーツ振興費補助金等の各種制度を通じて，直接的または間接的にスポーツ団体の財源の確保に貢献しています。

第Ⅰ部 スポーツ団体とは

　次に，文部科学省が管轄するスポーツ団体である日本オリンピック委員会や日本スポーツ振興センターを認識しなければなりません。日本オリンピック委員会は1989（平成元）年に日本体育協会から独立して設立され，その定款には，組織の目的として，(1)選手強化，強化スタッフの育成およびこれらの支援，(2)オリンピック・ムーブメントの推進，(3)オリンピック競技大会等国際総合競技大会への選手団派遣および成績優秀者等の表彰，ならびにこれら大会の招致，開催，(4)事業の遂行に必要な財源調達のための知的所有権の管理および商標提供，の4つが掲げられています。日本オリンピック委員会は文部科学省からの補助金とマーケティング委員会が独自に獲得しているスポンサーシップの両方の財源をもとに，主に加盟スポーツ団体への交付金により強化合宿の開催，ナショナルコーチ等の設置，国際大会へのチームの派遣等を支援しています。日本オリンピック委員会の加盟団体は，日本陸上競技連盟，日本サッカー協会等の正加盟53団体，日本アメリカンフットボール協会等の準加盟5団体，日本オリエンテーリング協会等の承認4団体があります（2014年7月1日時点）。日本オリンピック委員会は種目統轄団体としての役割を担っているため，日本オリンピック委員会への加盟がオリンピックやアジア大会出場の条件となっています。

　日本オリンピック委員会が公益法人であるのに対して，日本スポーツ振興センターは独立行政法人であり，その目的は，「スポーツの振興と児童生徒等の健康の保持増進を図るため，その設置するスポーツ施設の適切かつ効率的な運営，スポーツの振興のために必要な援助，学校の管理下における児童生徒等の災害に関する必要な給付その他スポーツ及び児童生徒等の健康の保持増進に関する調査研究ならびに資料の収集及び提供等を行い，もって国民の心身の健全な発達に寄与すること」と独立行政法人日本スポーツ振興センター法により定められています。これにより日本スポーツ振興センターでは，国のスポーツ振興施策の一環として，わが国のスポーツの競技水準の向上，地域におけるスポーツ環境の整備など，スポーツの普及・振興を図るため，地方公共団体やスポーツ団体のスポーツ振興事業に対する助成を行っていま

す。前述の日本体育協会の活動も文部科学省からの補助金および日本スポーツ振興センターの助成金で支えられています。具体的なスポーツ振興事業に対する助成として、スポーツ振興事業に対する助成金、スポーツ振興基金助成金、スポーツ振興くじ助成金があります（図表2－5）。

なお、2015（平成27）年に政府主導で発足が予定されているスポーツ庁の下では、日本オリンピック委員会の加盟団体の公金の不適切受給が相次いだ問題もあり、公的な強化費は日本スポーツ振興センターを改組する独立行政法人に一元化され、日本オリンピック委員会には、各競技団体への配分について一部の裁量権のみ残される見通しです。

図表2－5　スポーツ振興事業に対する助成金

助成金	概要
（1）スポーツ振興事業に対する助成金	スポーツ基本計画に掲げる政策目標の1つである「夏季・冬季オリンピック競技大会それぞれにおける過去最多を超えるメダル数の獲得、オリンピック競技大会および各世界選手権大会における過去最多を超える入賞者数の実現」を図るため、2003（平成15）年度から、国の交付金を受け、これを財源として、オリンピックでのメダルの獲得が期待できる競技の強化およびチーム単位で競う国内におけるスポーツ最高峰のリーグの活性化、トップレベル競技者の活動基盤の整備を目的として、助成を行っている。
（2）スポーツ振興基金助成金	スポーツ振興基金は、スポーツの国際的な競技水準の向上とスポーツの裾野拡大のため、1990（平成2）年に政府出資金250億円を受けて設立された。これに民間からの寄附金約44億円をあわせて基金の拡充を図り、合計約294億円を原資に、その運用益等により、スポーツ団体、選手・指導者等が行う各種スポーツ活動等に対して助成を行っている。
（3）スポーツ振興くじ助成金	スポーツ振興くじtotoは、スポーツ環境の整備・充実など、スポーツ振興施策を実施するための財源確保を目的として導入された。2002（平成14）年度から、totoの販売により得られる収益により、誰もが身近にスポーツに親しめる環境づくりから、世界の第一線で活躍する選手の育成まで、地方公共団体およびスポーツ団体が行うスポーツの振興を目的とする事業に対して助成を行っている。

最後に，日本体育協会を中心としたスポーツ界の組織についても言及します。日本体育協会は，生涯スポーツ社会の実現を目指した「国民スポーツの振興」を目的とした公益財団法人です。主な活動としては，国民体育大会開催事業，スポーツ指導者養成事業，国民スポーツ推進 PR 事業，スポーツ顕彰事業，スポーツ国際交流事業，青少年スポーツ育成事業，マーケティング事業等があります。また，種目統轄団体としての役割も担っており，58 の中央競技団体，47 都道府県の体育協会，5 つの関係スポーツ団体，3 つの準加盟団体が加盟しています（2014 年 6 月 25 日時点）。都道府県の体育協会の下には各市町村の体育協会があるとともに，都道府県別の各種競技団体があり，各種競技団体は同時に中央競技団体の傘下に含まれることが多いです。地方自治体の体育協会の元では総合型地域スポーツクラブやスポーツ少年団が活動しています。以上の体系をまとめたのが，図表 2 - 6 になります。こうした体系図は，日本体育協会を起源とした資金の流れを表しているともいえます。

　なお，日本体育協会では，マネジメント資格（クラブマネージャー，アシスタントマネージャー）を設けています。これは，以下の 2 つの役割を果たすために設けられており，登録者数は年々増加しています。

- 総合型地域スポーツクラブなどにおいて，クラブの経営資源を有効に活用し，クラブ会員が継続的に快適なクラブライフを送ることができるよう健全なマネジメントを行う。
- 総合型地域スポーツクラブなどの運営が円滑に行われるために必要なスタッフがそれぞれの役割に専念できるような環境を整備する。

図表2-6 日本体育協会を中心としたスポーツ界の組織

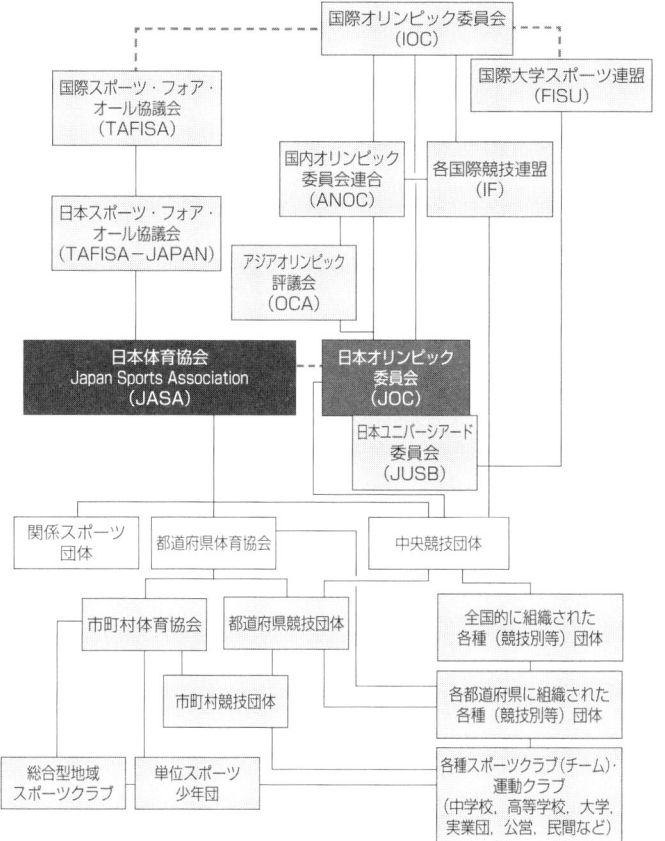

出所：公益財団法人日本体育協会HP「日本体育協会を中心としたスポーツ界の組織」

■参考文献

江戸川大学スポーツビジネス研究所編著（2008）『SpoBiz. ガイドブック：スポーツを仕事にするスポーツを学ぶ '08-'09』プレジデント社
笹川スポーツ財団（2014）『スポーツ白書 2014：スポーツの使命と可能性』笹川スポーツ財団
笹川スポーツ財団（2013）「中央競技団体現況調査」
佐野昌行・黒田次郎・遠藤利文編著（2014）『図表で見るスポーツビジネス』叢文社
原田宗彦・小笠原悦子編著（2008）『スポーツマネジメント』大修館書店
広瀬一郎（2014）『スポーツ・マネジメント入門：24のキーワードで理解する』東洋経済新報社
武藤泰明（2013）『プロスポーツクラブのマネジメント：戦略の策定から実行まで』東洋経済新報社
文部科学省 HP
笹川スポーツ財団 HP
日本アンチ・ドーピング機構 HP
日本オリンピック委員会 HP
日本スポーツ振興センター HP
日本体育協会 HP
日本陸上競技学会 HP
日本陸上競技連盟 HP
CHASAKI HP

Column　スポーツ団体への就職

　スポーツ団体と一言でいってもその目的はさまざまであり，多数の団体が存在しています。そのため，プロチームや中央競技団体などのスポーツ団体への就職に興味をもつ人たちも増えているのではないでしょうか。

　日本体育協会，日本オリンピック委員会，日本ワールドゲームズ協会のいずれかに加盟または準加盟している 91 競技団体を対象とした笹川スポーツ財団の「中央競技団体現況調査」(2013 年) では，71 団体合計 3,681 人から回答結果が得られています。

　この回答によると，役員と評議員を除く運営スタッフの数は 1 団体平均 10.9 人で，1 人もいない団体から 160 人が勤務している団体まで規模はさまざまであり，スタッフはやや男性が上回る割合となっています。また，笹川スポーツ財団「スポーツ白書 2014 年」によれば，役員数は 1 団体平均 20.1 人（常勤役員は 9.5 %）で男女比率は 92.6：7.4，評議員数は 1 団体平均で 43.4 人，男女比率 93.5：6.5 となっています。

　それでは，スポーツ団体への就職を希望する場合どのようなアプローチ方法があるのでしょうか。少し古いデータになりますが，江戸川大学スポーツビジネス研究科「SpoBiz ガイドブック'08 〜 '09」が 2008 年 6 月から 8 月に実施した，競技団体 14，プロ野球チーム 9，J リーグクラブ 7，b j リーグチーム 5 に対するアンケート調査の結果によると，採用に際しての評価ポイントとしては，「語学力」について「評価する」もしくは「やや評価する」と回答した団体は 34 団体中 28 で 80% を超えており，次いで「大学院・大学・専門学校等でスポーツマネジメントを学んだことがある」が 70%，「当該業界でのインターシップ経験がある」が 63% となっています。「体育大学出身である」「高校大学で運動部だった」「当該競技の経験がある」はいずれも 50% 未満であることから，語学力を除くとスポーツマネジメントを体系的に学び，興味のある業界でインターシップを経験する，というアプローチ方法がみえてきます。

　日本オリンピック委員会の 2012 年度および 2015 年度事務局員採用の募集要項をみても，4 年制大学および大学院卒業者（新卒）若干名を対象に，「語学力」「スポーツマネジメントに関する専門知識」「財政・経営等に関する専門知識」および「情報処理能力」が応募条件として「望ましい」とされています。

　なお，スポーツマネジメントを学べる大学院としては，元プロ野球選手の桑田真澄氏が進学したことで有名になった早稲田大学大学院スポーツ科学研究科のほか，筑波

大学，同志社大学，順天堂大学等が挙げられます。また，近年は大学の学部でもスポーツマネジメントを学べる場が増えてきており，大学院には行かず，学部卒でそのまま新卒採用されるという道もあります。

　2000（平成12）年度より政府主導で進められた競技団体の公益法人化，ドーピング等のコンプライアンス対応の要請という流れの中で，経営，会計・財務，法務，広報等の管理業務を担える事務系人材の需要が今後も拡大することが予測されます。また，東京オリンピック・パラリンピック組織委員会の活動が本格化していますし，日本オリンピック委員会が3年ぶりに2015年度事務職員の採用を公開するなど，東京オリンピックに向けてスポーツ団体が活性化し，就職の門戸が拡大するのではないでしょうか。

　その他にも，今後，スポーツ団体からの要請を受けて弁護士，公認会計士，医師，管理栄養士といった各種の専門家がスポーツ団体に参与することが増えるかもしれません。

第Ⅱ部

スポーツ団体の組織運営

3 スポーツ団体の形態

　スポーツ団体を設立形態別に整理すると図表3-1のようになります。ここでは，各設立形態の概要を説明します。

図表3-1　スポーツ団体の設立形態

区分		設立形態
社団	1. 法人格がある（法人）	（1）株式会社
		（2）一般社団法人／一般財団法人
		（3）公益社団法人／公益財団法人
		（4）特定非営利活動法人（NPO法人）
		（5）合同会社
		（6）その他特殊法人等
	2. 法人格がない	（1）任意団体
組合		（2）有限責任事業組合

▶ 1. 法人格を有する団体

　スポーツ団体は多岐に亘りさまざまな活動を行っていますが，その多くは設立形態として法人を選択し，法人格を取得しています。法人格とは，「法律に基づいて団体に与えられる法律上の人格」をいい，関連する法律等に従って一定の手続きを経ると法人格が認められます。

　法人格を取得するメリットは，一般的に社会的信用を得やすい，法人が契約の主体になれることから法人格を取得した団体名義で各種取引を行える，団体が資産の所有権の主体になれるため代表者が変わっても面倒な手続きを

経る必要なく資産を引き継げることなどが挙げられます。

一方，デメリットとして，法律で定められた義務があり，そのための事務処理や情報公開に手間とコストがかかることが挙げられます。

以下では，法人格を有する設立形態のそれぞれについて説明します。

(1) 株式会社

株式会社はプロ野球チーム等のプロスポーツ団体で一番多く採用されている法人格です。株式会社は，「会社法」に基づいて設立され，投資家から資本を集め，利益を追求し，獲得した利益を投資家に分配することを目的としています。投資した株主の責任は出資の範囲に限定されるという有限責任の原則や，会社の所有者である株主と経営を行う者が別であるという所有と経営の分離などが一般的な特徴です。また，株主総会，取締役会，監査役会，会計監査人，会計参与などの機関が，「会社法」の要件に基づいて設計されます。

株式会社の形態を採用する主なメリットは，以下が挙げられます。

- 有限責任の原則があるため，出資がしやすい（資金を集めやすい）。
- 経営能力がない者でも出資ができることから幅広く出資者を集められ，資金調達が容易になる（大規模な運営ができる）。
- 所有と経営の分離が明確なため経営者は出資者に限定されず，経営に適切な人材を広く採用できる。

(2) 一般社団法人／一般財団法人

日本野球機構，日本ボクシング連盟，日本ウエイトリフティング協会，日本ドッジボール協会，全日本剣道連盟などが採用しています。2008（平成20）年に制定された「一般社団法人及び一般財団法人に関する法律」に基づいて設立され，後述の公益法人のように事業として公益性を要求されず，事業内容に制限はなく登記のみで設立可能です（数週間程度で設立できます）。一般社団法人と一般財団法人を併せて一般法人と呼びますが，そのうち一般

社団法人は，人の集まりに対して法人格を付与するものであるため，設立に際しては2人以上の構成員が共同して定款を作成することが求められます。その反面，設立時には必要資金の定めはありません。一方，一般財団法人は，個人や企業から拠出された財産で設立される性質上，設立者は設立時300万円以上の財産を拠出する必要があります。設立者は1人でも構いません。

　機関については，社員総会のほか，業務執行機関として理事を少なくとも1人置かなければなりません。一定規模（貸借対照表の負債の合計額が200億円以上）になった場合は会計監査人が1名必要となります。その他，一般財団法人においては，機関として評議員，評議員会，複数の理事，理事会，代表理事，監事を必ず置かなければなりません。一般社団法人も，理事会または会計監査人を設置した場合には，監事を置かねばなりません。

　税制上，原則すべての所得課税の対象になりますが，法人税法施行令3条の要件を満たす法人は非営利型法人となり，収益事業のみ課税され，非営利事業については非課税になります。

　総じて，一般法人は，短期間・低コストで設立が可能なため設立がしやすい，所轄・監督官庁もなく活動内容にも特に制限がないため自由度が高いというメリットがあります。その反面，後述する公益法人と比べると税制面の優遇が少なくなります。したがって，競技人口が少なく小規模な団体を想定している場合や，収益が限られ事務コストを抑えたい場合，運営の自主性を重んじたい団体などが一般法人を選択する傾向があります。

(3) 公益社団法人／公益財団法人

　すべての都道府県体育協会，日本陸上競技連盟，日本水泳連盟，日本野球連盟，日本サッカー協会，日本テニス協会，日本スケート連盟，日本相撲協会，全日本柔道連盟，日本ラグビーフットボール協会など，多くのスポーツ団体が採用しています。「公益社団法人及び公益財団法人の認定等に関する法律」（以下，「公益認定法」）に則り，行政庁に公益認定基準に適合すると認可された一般社団法人／一般財団法人が，それぞれ公益社団法人／公益財

団法人（以下，「公益法人」）になることができます。そのため，公益法人になるためには，一般法人を設立した後に，行政庁へ公益認定申請を行う必要があります。公益法人は，公益認定法第5条第1項で「公益目的事業を行うことを主たる目的とするものであること」が求められ，具体的には，公益認定法2条別表にて規定される23種の公益目的事業を主として行うことが求められます（図表3-2）。

図表3-2　公益認定法によって規定される23の公益目的事業

```
公益社団法人及び公益財団法人の認定等に関する法律
別表（第二条関係）
 一　学術及び科学技術の振興を目的とする事業
 二　文化及び芸術の振興を目的とする事業
 三　障害者若しくは生活困窮者又は事故，災害若しくは犯罪による被害者の支援を目的とする事業
 四　高齢者の福祉の増進を目的とする事業
 五　勤労意欲のある者に対する就労の支援を目的とする事業
 六　公衆衛生の向上を目的とする事業
 七　児童又は青少年の健全な育成を目的とする事業
 八　勤労者の福祉の向上を目的とする事業
 九　教育，スポーツ等を通じて国民の心身の健全な発達に寄与し，又は豊かな人間性を涵養することを目的とする事業
 十　犯罪の防止又は治安の維持を目的とする事業
十一　事故又は災害の防止を目的とする事業
十二　人種，性別その他の事由による不当な差別又は偏見の防止及び根絶を目的とする事業
十三　思想及び良心の自由，信教の自由又は表現の自由の尊重又は擁護を目的とする事業
十四　男女共同参画社会の形成その他のより良い社会の形成の推進を目的とする事業
十五　国際相互理解の促進及び開発途上にある海外の地域に対する経済協力を目的とする事業
十六　地球環境の保全又は自然環境の保護及び整備を目的とする事業
十七　国土の利用，整備又は保全を目的とする事業
十八　国政の健全な運営の確保に資することを目的とする事業
十九　地域社会の健全な発展を目的とする事業
二十　公正かつ自由な経済活動の機会の確保及び促進並びにその活性化による国民生活の安定向上を目的とする事業
二十一　国民生活に不可欠な物資，エネルギー等の安定供給の確保を目的とする事業
二十二　一般消費者の利益の擁護又は増進を目的とする事業
二十三　前各号に掲げるもののほか，公益に関する事業として政令で定めるもの
```

公益法人の特徴として，都道府県庁または内閣府が行政庁となり，公益認定後の指導・監督が行われることが挙げられます。そのため，公益法人は，毎事業年度経過後3ヵ月以内に財産目録等を行政庁へ提出する義務があります。行政庁は，必要と認めた場合は立入検査もしくは関係者に質問ができ，さらに公益法人の事業が公益認定の基準に適合しなくなった場合等の相当な理由がある場合には，必要な措置をとるべき旨の勧告をすることができます。

　また，一般法人と比べて，事業の自由度に制約があります。特に，公益事業における収入が適正な費用を超えてはならないという収支相償と呼ばれる原則があるため留意が必要です（収支相償については，第Ⅳ部スポーツ団体の税務で説明しています）。

　さらには，仮に公益法人としての認定を受けていたとしても，公益認定法第29条に記載の事項すなわち欠格事由に該当することとなった場合，偽りその他不正の手段により公益認定を受けた場合，正当な理由なく行政庁の命令に従わない場合，公益法人から公益認定の取消しの申請があった場合には公益認定が行政庁により取り消されます。この他にも公益法人の事業が認定基準に適合しなくなった場合等には公益認定を取り消されることもあります。

　公益法人の機関構成は，社員総会（公益社団法人の場合）または評議員会（公益財団法人の場合）＋理事＋理事会＋監事＋会計監査人（一定規模を超えた場合）で構成されます。

　また，公益法人は，税制上の優遇を受けることができます。公益法人は収益事業から生じた所得に対して法人税が課税される点は一般法人と同様ですが，公益目的事業として認定されたものは収益事業から除外され非課税になります。また，会員からの会費や，外部からの寄付金および補助金は原則として非課税になります。

　総じて，公益法人は，厳しい認定基準を満たし公益を目的とした事業を行う法人であることが認定されているため社会的な信頼度が高くなること，税制面の優遇が一般法人より大きいことがメリットとなります。その一方で，公益認定を受けなければならないため設立費用も多額になります。また，事

業年度終了ごとに行政庁への報告が必要になるなど，設立後の事務手続きが煩雑になるというデメリットがあります。したがって，競技人口が比較的多く，ある程度の規模の公益事業を営むことが想定され，メリットが，事務手続き等の時間とコストがかかるというデメリットを上回る団体に向いているといえます。

(4) 特定営利活動法人（NPO法人）

日本スポーツ振興協会，全国ラジオ体操連盟，日本合気道協会，地域のスポーツクラブを含め，大小さまざまなスポーツ団体がNPO法人として活動しています。NPO法人は「特定非営利活動促進法」に基づいて，所轄庁の認証後に設立登記を行うことで設立されます。事業は20の特定非営利活動

図表3-3　NPO法人の特定非営利活動

1. 保健，医療又は福祉の増進を図る活動
2. 社会教育の推進を図る活動
3. まちづくりの推進を図る活動
4. 観光の振興を図る活動
5. 農山漁村又は中山間地域の振興を図る活動
6. 学術，文化，芸術又はスポーツの振興を図る活動
7. 環境の保全を図る活動
8. 災害救援活動
9. 地域安全活動
10. 人権の擁護又は平和の推進を図る活動
11. 国際協力の活動
12. 男女共同参画社会の形成の促進を図る活動
13. 子どもの健全育成を図る活動
14. 情報化社会の発展を図る活動
15. 科学技術の振興を図る活動
16. 経済活動の活性化を図る活動
17. 職業能力の開発又は雇用機会の拡充を支援する活動
18. 消費者の保護を図る活動
19. 前各号に掲げる活動を行う団体の運営又は活動に関する連絡，助言又は援助の活動
20. 前各号に掲げる活動に準ずる活動として都道府県又は指定都市の条例で定める活動

に限定されています（図表3-3）。社員は10人以上，理事3人以上，監事1人以上が必要となります。所轄庁は，都道府県または内閣府，監督官庁は所轄庁と同じ官庁が監督を行います。税制上は，収益事業課税です。

　総じて，NPO法人は，所轄庁の認定を経て設立されていることから一定の社会的な信用が得られること，公益法人に比べれば比較的設立が容易であることがメリットとなります。一方で，毎年所轄庁へ事業報告書等を提出するなど情報公開のための事務手続きが複雑になること，事業内容に一定の制限があるというデメリットがあります。したがって，活動自体にある程度の公益性があり，事業を行う場合に一定の社会的信用が必要ですが，比較的簡易に設立することを望み，情報開示等のデメリットを許容できる団体に向いているといえます。

(5) 合同会社

　クラブ運営会社やスポーツ施設などの団体が採用しています。合同会社は「会社法」に基づいて設立され，定款の作成，出資金の払い込み，設立登記申請を経て設立登記の完了をもって成立します。期間も10日程度で設立可能で非常にシンプルです。合同会社の特徴は，社員の責任が出資額に限定される有限責任であること，内部自治原則を採用しており自由な組織設計が可能であり取締役や監査役等の機関を置く必要がないこと，原則各社員が業務を執行する権利と義務を負うという点にあります。また，決算書の作成と備置は必要ですが，それを公告する必要はありません。

　総じて，合同会社は，設立過程がシンプルであることからコストをかけずに短期間で設立が可能，社員の責任が出資額に制限されていることから出資がしやすい，法人格を有することから法人格特有のメリットを享受できる，組織の自由度が高く社員が直接業務執行にあたることから意思決定が早い，公告等の手間がかからないことなどがメリットとしてあげられます。一方で，後述する有限責任事業組合では認められている構成員課税制度が認められていないことから，組織体自体の利益に法人税が課せられる，各社員が原則業

務を執行するため一部の社員の方向性が他の社員のそれと違ってしまった場合は組織の運営に支障をきたす可能性があるというデメリットもあります。したがって，機動的な組織運営を望む場合や優れた専門性をもった企業・個人など出資比率に左右されない権限・利益配分を望む団体などに向いているといえます。

(6) その他特殊法人等

上記 5 種類以外の法人には，例えばスポーツ振興を目的としてスポーツ振興くじ（toto）を販売している日本スポーツ振興センターのように独立行政法人として設立されたものがあります。その他にも特殊法人として設立したスポーツ団体も少数ながらありますが，根拠法令，特徴，メリット，デメリットはさまざまであるため本書では省略します。

2. 法人格がない団体

スポーツ団体では法人格をもたずに活動している団体も多数あります。以下では，そのうち，任意団体と有限責任事業組合について説明します。

(1) 任意団体

任意団体は，法人として認められていない団体をいいます。税法上は人格のない社団等として取り扱われます。任意団体は自由に設立でき，特に届出も必要ありません。設立が容易なことから，比較的新しいスポーツやユニークな競技の普及を目指すスポーツ団体が選択することも多いです。大学のサークルや地域のクラブなどで法律上の届出を行っていないスポーツ団体は，任意団体に含まれます。

一方で，法人格がないために契約の主体とはなれず，各種取引を個人が契約主体となって行わなければならないですし，一般的に社会的信用が低いという問題があります。任意団体は法的な義務がなく自由度が高い代わり

に，トラブル等を避けるためにも，組織内でルールを定めて運営することが推奨されます。

(2) 有限責任事業組合

　主にスポーツ施設などの団体が採用しています。有限責任事業組合は，「有限責任事業組合契約に関する法律」に基づいて組成される組合です。組合契約書の作成，出資金の全額払込，設立登記申請を経て設立登記の完了をもって成立します。有限責任事業組合の場合，定款は作成せず組合契約書を作成します。組合契約書は公証人の認証は不要ですし，10日間程度で設立が可能です。有限責任事業組合も合同会社同様に，有限責任，内部自治原則，共同事業性という特徴を有しています。有限責任事業組合ではこれに加えて，構成員課税が特徴として挙げられます。構成員課税とは，組合に生じた利益には課税されず，利益または損失が組合員に配分された場合に組合員に課税される制度になります。有限責任事業組合の利益・損失は直接組合員に帰属するため，組合員が他の事業から得た利益または損失と合算することで組合員の所得が計算されます。有限責任事業組合で損失が出たときは，出資の額を基礎として定められる一定の範囲内で，出資者の所得と損益通算することができます。また，有限責任事業組合についても決算書の作成と備置は必要ですが，それを公告する必要はありません。

　総じて，有限責任事業組合は，合同会社でみられるメリットに加え，構成員課税が認められるというメリットがあります。その一方で，有限責任事業組合は，合同会社でみられるデメリットに加え，法人格がないので団体自体が取引の主体になることができないなど，法人格を有することのメリットが享受できないデメリットがあります。したがって，合同会社に比べ法人格のメリットを享受できなくても構成員課税のメリットが大きい団体に向いているといえます。

　このように，スポーツ団体にはさまざまな設立形態が考えられ，それぞれに特徴があります（図表3－4）。各スポーツ団体はその特性を考慮して設

図表3-4　団体の設立形態の特徴

設立形態	法的根拠	事業内容	法人格	監督等	公告・報告	税制
(1)株式会社	会社法	制限なし	あり	なし	公告：あり 報告：なし	優遇なし
(2)一般法人	一般社団法人及び一般財団法人に関する法律	制限なし	あり	なし	公告：あり 報告：なし	非営利型法人は原則非課税
(3)公益法人	公益認定法	23の公益事業	あり	都道府県庁又は内閣府	公告：あり 報告：あり	公益事業は非課税
(4)NPO法人	特定非営利活動促進法	20の特定非営利活動，その他	あり	都道府県知事ただし，政令指定都市のみに事務所を置く法人の場合は政令指定都市の市長	公告：あり 報告：あり	収益事業のみ課税
(5)合同会社	会社法	制限なし	あり	なし	公告：なし 報告：なし	優遇なし
(6)その他特殊法人等	※	※	あり	※	※	※
(7)任意団体	-	制限なし	なし	なし	公告：なし 報告：なし	収益事業のみ課税
(8)有限責任事業組合	有限責任事業組合契約に関する法律	制限なし	なし	なし	公告：なし 報告：なし	構成員課税

※法人形態により異なる。

立形態を選定することが可能となっており，競技人口の大小，財政面での余裕度，資金調達のし易さ，団体を取り巻く利害関係者との関係，公益性の高さ，ガバナンスの必要性など，各法人の特徴を考慮し最良の法人格制度を採用することが求められます。

　例えば，公益法人は事業内容の制限，設立も難しく，公益認定の維持も負担が多く，報告義務もあるなど，団体の設立，運営にはコストと手間を要し

ます。しかし，それが一概に悪いというわけではなく団体の目的を達成するために公益性が必要であり，税制優遇が必要であればその団体にとっては公益法人を採用することが最良になるのです。

■参考文献

江戸川泰路（2005）『日本版 LLP（有限責任事業組合）のつくり方・運営のしかた』日本実業出版社

スポーツにおけるグッドガバナンス研究会編（2014）『スポーツガバナンス実践ガイドブック：基礎知識から構築のノウハウまで』民事法研究会

福島達也（2008）『改訂版すぐわかる！新公益法人制度：移行と設立のポイント』学陽書房

福島達也（2013）『これ一冊で必ずできる！NPO 法人設立マニュアル：市民活動＆社会起業をNPO法人ではじめよう！』学陽書房

武藤泰明（2013）『プロスポーツクラブのマネジメント：戦略の策定から実行まで』東洋経済新報社

山田順一朗・光嶋卓也（2005）『これ 1 冊で LLP・LLC がつくれる本』あさ出版

国・都道府県公式公益法人行政統合情報サイト「公益法人 Information」

経済産業省 HP

中小企業庁 HP

内閣府　NPO HP

法務省 HP

4 スポーツ団体の設立

▶ 1. 法人格の種類と設立手続き

　前章でみたとおり，スポーツ団体としては6種類の法人格が考えられます。このうち（1）株式会社，（5）合同会社は会社法により設立されますが，一般事業会社に多く採用されており他の専門書も多いので，説明はそちらへ譲ります。また，（6）その他特殊法人等の形式をとっている団体については設立の過程が多岐に渡るため本書での説明は割愛します。

　本章ではスポーツ団体で一般的に採用されている，一般社団法人，一般財団法人，公益社団法人，公益財団法人，NPO法人の設立手続の概要を説明します。なお，実際の法人の設立手続きの際には，行政書士や税理士などの専門家に委託することが一般的です。

（1）一般社団法人の設立手続き

　一般社団法人を設立する際の手続きの流れは図表4－1のとおりです。

　まず，2名以上の設立時社員（法人成立後に最初の社員になろうとする者）2名以上で定款を作成し，公証人の認証を受けます。定款で設立時理事を定めなかったときは，公証人の認証の後遅滞なく，設立時社員は設立時理事を選任します。設立時監事や設立時会計監査人を置く場合は同様に選任します。

　設立時理事，設立時監事がいる場合は監事により設立手続の調査が行われます。調査では，一般社団法人の設立の手続きが法令または定款に違反していないことを確かめます（「一般社団法人及び一般財団法人に関する法律」20条）。

図表4-1　一般社団法人設立の流れ

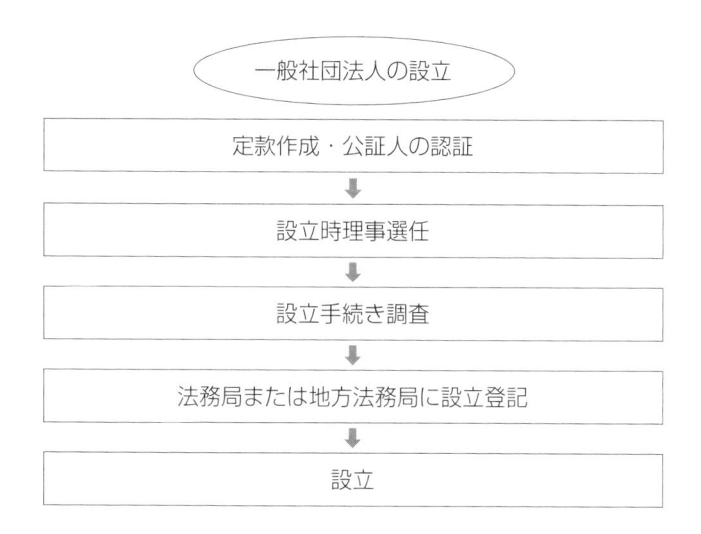

```
          ┌─────────────────┐
          │  一般社団法人の設立  │
          └─────────────────┘
                   ↓
        ┌──────────────────────┐
        │  定款作成・公証人の認証    │
        └──────────────────────┘
                   ↓
        ┌──────────────────────┐
        │     設立時理事選任        │
        └──────────────────────┘
                   ↓
        ┌──────────────────────┐
        │     設立手続き調査        │
        └──────────────────────┘
                   ↓
        ┌──────────────────────────┐
        │ 法務局または地方法務局に設立登記 │
        └──────────────────────────┘
                   ↓
        ┌──────────────────────┐
        │          設立           │
        └──────────────────────┘
```

　そして，法人を代表すべき者すなわち設立時理事または設立時代表理事が，主たる事務所の所在地を管轄する法務局または地方法務局に設立の登記申請を行い（同法318条），登記を行うことによって一般社団法人は成立します。

　なお，公証人とは法律実務の経験が豊かな者の中から法務大臣が任免し，国の公務を司る公務員になります。定款について公証人の認証を受けるときは，この公証人によって定款が正当な手続きや方式に従って作成されていることを証明してもらうことになります。公証人による認証は，法人の主たる事務所の所在地の都道府県内に公証役場を設置している公証人によって取り扱われます。全国で公証人は約500名程度，公証役場は約300か所あります。

(2) 一般財団法人の設立手続き

　一般財団法人を設立する際の手続きの流れは図表4-2のとおりです。
　まず，財産を拠出して法人を設立する者である設立者が定款を作成し，公証人の認証を受け，300万円以上の財産の拠出の履行を行います。定款で設

立時評議員，設立時理事または設立時監事を定めなかったときは，財産の拠出が完了した後遅滞なく，定款の定めに従ってこれらの者を選任します。設立時会計監査人を置く場合は同様に選任します。

次に，設立時理事および設立時監事により設立手続きの調査が行われます。調査では，財産の拠出の履行が完了していること，一般財団法人の設立の手続きが法令または定款に違反していないことを確かめます。

そして法人を代表すべきものとして設立時代表理事が，主たる事務所の所在地を管轄する法務局または地方法務局に設立の登記申請を行い（「一般社団法人及び一般財団法人に関する法律」319条），登記を行うことによって一般財団法人は成立します。

図表4－2　一般財団法人設立の流れ

```
       一般財団法人の設立
              ↓
       定款作成・公証人の認証
              ↓
          財産拠出
              ↓
  設立時評議員、設立時理事、設立時監事選任
              ↓
        設立手続き調査
              ↓
  法務局または地方法務局に設立登記
              ↓
           設立
```

(3) 公益社団法人，公益財団法人の設立手続き

　公益法人は，一般社団法人，一般財団法人が公益認定法に従い公益認定を受けることにより成立します。この手続きの流れは図表4-3のとおりです。

　公益目的事業を行う一般法人が公益認定を申請する場合は，公益認定のための申請書類を作成し，行政庁へ提出します。申請書には法人の名称および代表者の氏名，公益事業を行う都道府県の区域（定款に定めがある場合に限る）ならびに主たる事務所および従たる事務所の所在場所，その行う公益目的事業の種類および内容，その行う収益事業等を記載します。申請書には公益認定法第7条2項にある添付書類を添付しなければなりません。

　申請先の行政庁は，法人の事務所が所在する場所と事業を行う地理的範囲とに着目して内閣総理大臣または都道府県知事に分かれています。イ）2以上の都道府県の区域内に事務所を設置する場合，ロ）公益目的事業を2以上の都道府県の区域内において行う旨を定款で定める場合，ハ）国の事務また

図表4-3　公益法人設立の流れ

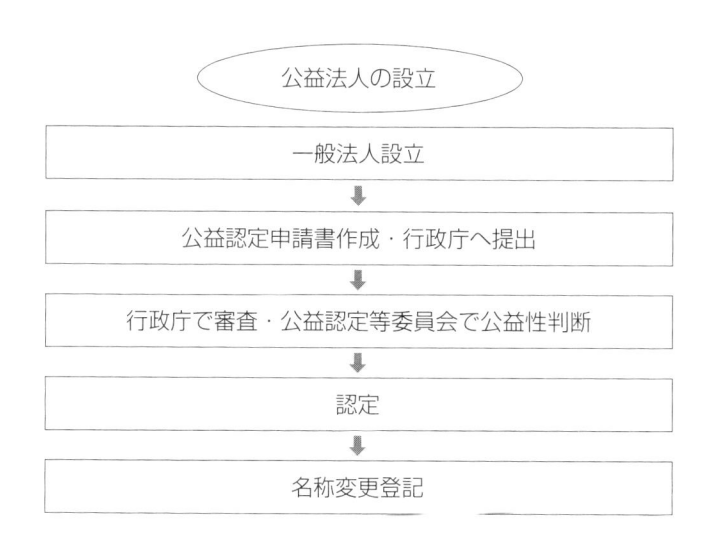

```
        公益法人の設立
              ↓
         一般法人設立
              ↓
   公益認定申請書作成・行政庁へ提出
              ↓
  行政庁で審査・公益認定等委員会で公益性判断
              ↓
            認定
              ↓
         名称変更登記
```

は事業と密接な関連を有する公益目的事業であって政令で定めるものを行う場合は内閣総理大臣へ申請します。前述のイ）～ハ）に該当する場合以外の法人はその事務所が所在する都道府県の知事へ申請を行います。

　行政庁は，申請受付後に審査に入ります。その際，申請を受けた法人と連絡をとりながら申請書類に記載された事業内容や財務内容の確認を行います。公益性の判断については公益認定等委員会または合議制の機関に諮問し，答申を得て判断が行われます。その際の判断基準は図表4－4の18項目の基準への適合可否です。なお欠格事由に該当する場合は，公益認定を受けることができません。

　行政庁からの公益認定を受けた後，一般法人は公益社団法人または公益財団法人へ名称変更登記を行います。

　なお，内閣府および都道府県では，公益認定等に係るコストや手間を考慮し，総合情報サイトを設けて電子申請を行えるようにしています。

図表4-4　公益認定の基準と欠落事由（公益認定法）

（公益認定の基準）
第五条　行政庁は、前条の認定（以下「公益認定」という。）の申請をした一般社団法人又は一般財団法人が次に掲げる基準に適合すると認めるときは、当該法人について公益認定をするものとする。
一　公益目的事業を行うことを主たる目的とするものであること。
二　公益目的事業を行うのに必要な経理的基礎及び技術的能力を有するものであること。
三　その事業を行うに当たり、社員、評議員、理事、監事、使用人その他の政令で定める当該法人の関係者に対し特別の利益を与えないものであること。
四　その事業を行うに当たり、株式会社その他の営利事業を営む者又は特定の個人若しくは団体の利益を図る活動を行うものとして政令で定める者に対し、寄附その他の特別の利益を与える行為を行わないものであること。ただし、公益法人に対し、当該公益法人が行う公益目的事業のために寄附その他の特別の利益を与える行為を行う場合は、この限りでない。
五　投機的な取引、高利の融資その他の事業であって、公益法人の社会的信用を維持する上でふさわしくないものとして政令で定めるもの又は公の秩序若しくは善良の風俗を害するおそれのある事業を行わないものであること。
六　その行う公益目的事業について、当該公益目的事業に係る収入がその実施に要する適正な費用を償う額を超えないと見込まれるものであること。
七　公益目的事業以外の事業（以下「収益事業等」という。）を行う場合には、収益事業等を行うことによって公益目的事業の実施に支障を及ぼすおそれがないものであること。
八　その事業活動を行うに当たり、第十五条に規定する公益目的事業比率が百分の五十以上となると見込まれるものであること。
九　その事業活動を行うに当たり、第十六条第二項に規定する遊休財産額が同条第一項の制限を超えないと見込まれるものであること。
十　各理事について、当該理事及びその配偶者又は三親等内の親族（これらの者に準ずるものとして当該理事と政令で定める特別の関係がある者を含む。）である理事の合計数が理事の総数の三分の一を超えないものであること。監事についても、同様とする。
十一　他の同一の団体（公益法人又はこれに準ずるものとして政令で定めるものを除く。）の理事又は使用人である者その他これに準ずる相互に密接な関係にあるものとして政令で定める者である理事の合計数が理事の総数の三分の一を超えないものであること。監事についても、同様とする。
十二　会計監査人を置いているものであること。ただし、毎事業年度における当該法人の収益の額、費用及び損失の額その他の政令で定める勘定の額がいずれも政令で定める基準に達しない場合は、この限りでない。

十三　その理事，監事及び評議員に対する報酬等（報酬，賞与その他の職務遂行の対価として受ける財産上の利益及び退職手当をいう。以下同じ。）について，内閣府令で定めるところにより，民間事業者の役員の報酬等及び従業員の給与，当該法人の経理の状況その他の事情を考慮して，不当に高額なものとならないような支給の基準を定めているものであること。

十四　一般社団法人にあっては，次のいずれにも該当するものであること。
　イ　社員の資格の得喪に関して，当該法人の目的に照らし，不当に差別的な取扱いをする条件その他の不当な条件を付していないものであること。
　ロ　社員総会において行使できる議決権の数，議決権を行使することができる事項，議決権の行使の条件その他の社員の議決権に関する定款の定めがある場合には，その定めが次のいずれにも該当するものであること。
　　（1）社員の議決権に関して，当該法人の目的に照らし，不当に差別的な取扱いをしないものであること。
　　（2）社員の議決権に関して，社員が当該法人に対して提供した金銭その他の財産の価額に応じて異なる取扱いを行わないものであること。
　ハ　理事会を置いているものであること。

十五　他の団体の意思決定に関与することができる株式その他の内閣府令で定める財産を保有していないものであること。ただし，当該財産の保有によって他の団体の事業活動を実質的に支配するおそれがない場合として政令で定める場合は，この限りでない。

十六　公益目的事業を行うために不可欠な特定の財産があるときは，その旨並びにその維持及び処分の制限について，必要な事項を定款で定めているものであること。

十七　第二十九条第一項若しくは第二項の規定による公益認定の取消しの処分を受けた場合又は合併により法人が消滅する場合（その権利義務を承継する法人が公益法人であるときを除く。）において，公益目的取得財産残額（第三十条第二項に規定する公益目的取得財産残額をいう。）があるときは，これに相当する額の財産を当該公益認定の取消しの日又は当該合併の日から一箇月以内に類似の事業を目的とする他の公益法人若しくは次に掲げる法人又は国若しくは地方公共団体に贈与する旨を定款で定めているものであること。
　イ　私立学校法（昭和二十四年法律第二百七十号）第三条に規定する学校法人
　ロ　社会福祉法（昭和二十六年法律第四十五号）第二十二条に規定する社会福祉法人
　ハ　更生保護事業法（平成七年法律第八十六号）第二条第六項に規定する更生保護法人
　ニ　独立行政法人通則法（平成十一年法律第百三号）第二条第一項に規定する独立行政法人
　ホ　国立大学法人法（平成十五年法律第百十二号）第二条第一項に規定する国立大学法人又は同条第三項に規定する大学共同利用機関法人
　ヘ　地方独立行政法人法（平成十五年法律第百十八号）第二条第一項に規定する地方独立行政法人
　ト　その他イからヘまでに掲げる法人に準ずるものとして政令で定める法人

十八　清算をする場合において残余財産を類似の事業を目的とする他の公益法人若しくは前号イからトまでに掲げる法人又は国若しくは地方公共団体に帰属させる旨を定款で定めているものであること。

（欠格事由）
第六条　前条の規定にかかわらず，次のいずれかに該当する一般社団法人又は一般財団法人は，公益認定を受けることができない。
一　その理事，監事及び評議員のうちに，次のいずれかに該当する者があるもの
　　イ　公益法人が第二十九条第一項又は第二項の規定により公益認定を取り消された場合において，その取消しの原因となった事実があった日以前一年内に当該公益法人の業務を行う理事であった者でその取消しの日から五年を経過しないもの
　　ロ　この法律，一般社団法人及び一般財団法人に関する法律（平成十八年法律第四十八号。以下「一般社団・財団法人法」という。）若しくは暴力団員による不当な行為の防止等に関する法律（平成三年法律第七十七号）の規定（同法第三十二条の三第七項　及び第三十二条の十一第一項　の規定を除く。）に違反したことにより，若しくは刑法（明治四十年法律第四十五号）第二百四条，第二百六条，第二百八条，第二百八条の二第一項，第二百二十二条若しくは第二百四十七条の罪若しくは暴力行為等処罰に関する法律（大正十五年法律第六十号）第一条，第二条若しくは第三条の罪を犯したことにより，又は国税若しくは地方税に関する法律中偽りその他不正の行為により国税若しくは地方税を免れ，納付せず，若しくはこれらの税の還付を受け，若しくはこれらの違反行為をしようとすることに関する罪を定めた規定に違反したことにより，罰金の刑に処せられ，その執行を終わり，又は執行を受けることがなくなった日から五年を経過しない者
　　ハ　禁錮以上の刑に処せられ，その刑の執行を終わり，又は刑の執行を受けることがなくなった日から五年を経過しない者
　　ニ　暴力団員による不当な行為の防止等に関する法律第二条第六号　に規定する暴力団員（以下この号において「暴力団員」という。）又は暴力団員でなくなった日から五年を経過しない者（第六号において「暴力団員等」という。）
二　第二十九条第一項又は第二項の規定により公益認定を取り消され，その取消しの日から五年を経過しないもの
三　その定款又は事業計画書の内容が法令又は法令に基づく行政機関の処分に違反しているもの
四　その事業を行うに当たり法令上必要となる行政機関の許認可等（行政手続法（平成五年法律第八十八号）第二条第三号　に規定する許認可等をいう。以下同じ。）を受けることができないもの
五　国税又は地方税の滞納処分の執行がされているもの又は当該滞納処分の終了の日から三年を経過しないもの
六　暴力団員等がその事業活動を支配するもの

(4) NPO法人の設立手続き

　NPO法人を設立する際の手続きの流れ（図表4－5）は，必要書類をそろえて申請書を作成し，主たる事務所の所在する都道府県もしくは政令指定都市（以下，所轄庁）に提出します。所轄庁において受理された後受理の事実について公告されるとともに申請書類のうち一定の書類が2ヵ月間一般の人が誰でも縦覧できるようになります。NPO法人は，自主的な法人運営が尊重され，情報公開を通じた市民による選択，監視を前提としている制度であり，公告と縦覧を行うことにより市民による選択と監視を可能としているといえます。縦覧と同時に所轄庁で審査が行われ，申請内容が下記の設立基準に適合している場合，所轄庁はその設立を認証しなければなりません。認証後，設立登記を行うことでNPO法人が成立します。

図表4－5　NPO法人設立の流れ

```
           NPO法人の設立
                ↓
    発起人会開催・申請書類（原案）作成
                ↓
    設立総会開催・申請書類（正式）作成
                ↓
         所轄庁へ申請書類提出
                ↓
    審査・申請書類の一部縦覧（2ヵ月）
                ↓
            所轄庁の認証
                ↓
              設立登記
```

■参考文献

スポーツにおけるグッドガバナンス研究会編（2014）『スポーツガバナンス実践ガイドブック：基礎知識から構築のノウハウまで』民事法研究会
福島達也（2008）『改訂版すぐわかる！新公益法人制度：移行と設立のポイント』学陽書房
福島達也（2013）『これ一冊で必ずできる！NPO法人設立マニュアル：市民活動＆社会起業をNPO法人ではじめよう！』学陽書房
武藤泰明（2013）『プロスポーツクラブのマネジメント：戦略の策定から実行まで』東洋経済新報社
国・都道府県公式公益法人行政統合情報サイト「公益法人Information」
内閣府　NPO HP
法務省HP

5 スポーツ団体の組織構成

▶ 1. スポーツ団体に求められる組織構成

　特定のスポーツに関して共通の目的を有して活動するスポーツ団体では，さまざまな立場・専門性を有する組織内のメンバーが効率的に役割を分担し，最適な運営，事業の推進を図ることができる組織構成の在り方が求められます。一方で，スポーツ団体を法人化する場合，法令・制度により，最低限求められる組織構成が示されています。スポーツ団体の組織構成を考える際には，まずそれらの要件を満たす必要があるため，留意が必要です。

　図表 5 － 1 に一般社団法人，一般財団法人，公益社団法人，公益財団法人，NPO 法人における必須機関設置要件を列挙しています。

図表 5 － 1　法人の必須機関設置要件

一般社団法人	以下①～⑤のいずれかを選択すること ①社員総会＋理事 ②社員総会＋理事＋監事 ③社員総会＋理事＋監事＋会計監査人 ④社員総会＋理事＋理事会＋監事 ⑤社員総会＋理事＋理事会＋監事＋会計監査人 ※ただし，事業年度に係る貸借対照表の負債の部に計上した額の合計額が 200 億円以上である法人は大規模一般社団法人と規定され監事および会計監査人を設置する必要がある。
一般財団法人	以下①，②の何れかを選択すること ①評議員会＋理事＋理事会＋監事 ②評議員会＋理事＋理事会＋監事＋会計監査人
公益社団法人	以下①，②の何れかを選択すること ①社員総会＋理事＋理事会＋監事 ②社員総会＋理事＋理事会＋監事＋会計監査人
公益財団法人	一般財団法人と同様。ただし，公益認定基準を満たすもの。
NPO 法人	3 名以上の理事＋監事

続いて，各機関に規定されている役割・責任をそれぞれ確認します（図表5－2）。

図表5－2　各機関に規定されている役割・責任

評議員会	・財団法人におけるすべての評議員で構成されており，株式会社の株主総会と同様に，事実上財団法人の最高意思決定機関として，執行機関である理事や理事会を適正に監督する役割を有する。 ・評議員の選任の方法は，特段の規定が設けられておらず，どのような方法で評議員を選任するかは，任意に定款で定めるものとする（ただし，評議員会の役割上，理事または理事会が評議員を選任することは禁止されている）。そのため，評議員選任（および解任）のための任意の機関を設ける事例もある。 ・定款で定められた時期に開催しなくてはならない定時評議員会および必要に応じて開催することのできる臨時評議員会によって理事，監事，会計監査人の選任および解任，事業報告書の承認，および決議事項に対する決議等を行う。
社員総会	・社員法人の最高意思決定機関であり，全社員で構成される。財団法人の評議会と同様，社員は社員総会を通じて，法人の運営と管理に参加することができる。 ・毎事業年度の終了後，定款で定められた時期に開催しなくてはならない定時社員総会，および必要に応じて開催することのできる臨時社員総会によって理事，監事，会計監査人の選任および解任，事業報告書の承認，および決議事項に対する決議等を行う。
理事	・法人の業務を執行する存在であり，株式会社の取締役に似た立場を有する。 ・理事の権限には，業務執行権限と代表権限の2つがあり，理事個人の権限の範囲は，その法人が理事会を設置しているか否かによって決定される。 ・業務執行権限について 　【理事会を設置していない法人の場合】 　　定款に別段の定めがある場合を除き，業務執行権限を有する。原則として，理事が2人以上いる場合，理事の過半数をもって業務の意思決定および業務執行権を有する。 　【理事会を設置している法人の場合】 　　理事は原則的に業務の意思決定権を有さず，代表理事および業務執行理事が理事会の意思決定に基づく業務執行権のみを有する。この場合，代表理事，業務執行理事以外の各理事は理事会のメンバーを構成するに留まり，各理事自体は業務執行権限を有さない。 ・代表権限について 　【理事会を設置していない法人の場合】 　　代表権限は，各理事にあり，代表理事の選定手続きを経ることなく，すべての理事が代表理事としての権限を有する。理事が2人以上いる場合も，業務執行権限とは異なり，各理事が法人を代表することができ，この代表権は，一切の裁判上，裁判外の権限に及ぶため，法人内で制約を加えたとしても，第三者には対抗できないため注意が必要。 　【理事会を設置している法人の場合】 　　代表権限は理事の中から代表理事と選定された者のみが有し，選定されなかった理事は，代表権限を有さない。

理事会	・理事会はすべての理事で組織され，法人の業務執行の決定，理事の職務の執行の監督，代表理事の選定および解職等を行う。 ・理事会の決議は，原則として理事の過半数が出席し，その過半数によって行われる。ただし，定款の定めにより，これを上回る割合を定款で定めることも可能。
監事	・監事は，理事または理事会における業務の適正性を監視する役割を果たすものであり，理事や構成員に対して，事業報告，財産状況の調査・報告を求めることができる。(したがって，監事を設置しない法人は，理事相互または社員総会が直接に監視機能を担う必要がある) ・監事は社員総会の普通決議によって選任され，任期は原則的に4年（定款によって，2年を限度として短縮することができる）とされている。 ・監事には理事会出席義務がある。
会計監査人	・会計に関する書類の監査を行い，不正の行為または法令や定款に違反する事実を発見した際には監事に報告する義務を負う。 ・会計監査人は社員総会の普通決議によって選任され，任期は1年とされている。なお，会計監査人は，公認会計士または監査法人の資格を有する者でなくてはならない。

これらの各機関の役割や責任を図示すると図表5-3のように表すことができます。団体の法人によって設置が求められる機関は異なりますが，設置義務のない機関の役割についても本質的には他の機関によって代替・補完する必要があることに変わりはありません。

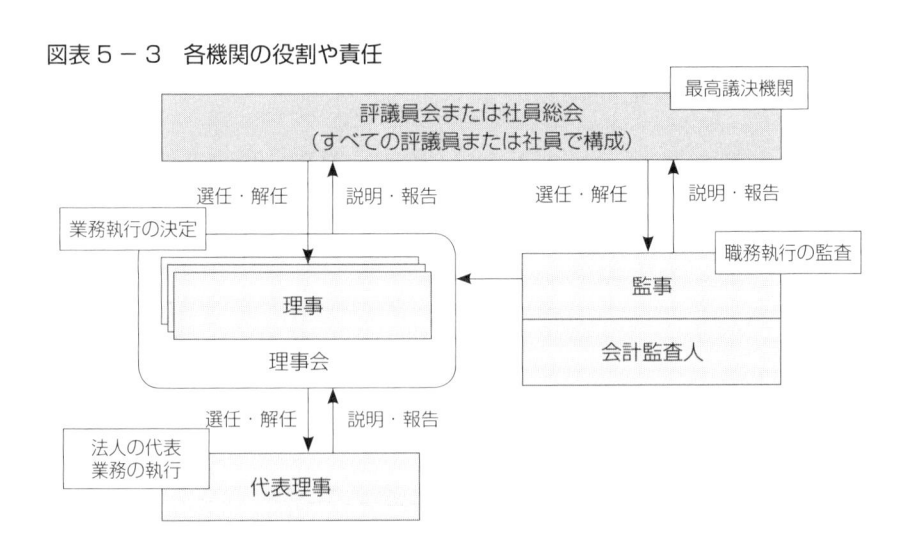

図表5-3　各機関の役割や責任

上記のような組織構成が義務として求められている本質的な理由は，スポーツ団体の公平性・透明性を保つためです。設置要件を形式的に満たすことのみに固執せず，各機関が役割・責任をきちんと果たし，且つ団体の内部メンバーが役割・責任を正確に理解することが，適切なスポーツ団体の組織体制構築への第一歩であるといえます。

2．組織構成の考慮すべき要素

　上記では，法人格を有するスポーツ団体に最低限求められる機関を説明しました。実際の組織運営においては，それらに加えて任意に組織を構築し，役割を分担することで効率的な団体の運営を促進することを検討します。そのためには，理事及び理事会を中心として，"基本的業務における役割分担の在り方"，"今後重点的に取り組む課題"を明確した上で，それぞれの優先度や現有の人的資源を踏まえて検討することが望まれます（図表5－4）。

図表5－4　組織構成検討のアプローチ例

基本的業務の役割分担の在り方	・団体の事務執行において効率性を上げるためには，どのように役割分担をすることが適切か？ ・それぞれの役割分担において必要な最低限の人員体制は？
今後重点的に取り組む課題	・団体の目的を達成するために，今後取り組まなくてはならない課題，テーマはどのようなものがあるか？ ・それぞれの課題，テーマの取り組みにおいて必要な最低限の人員体制は？

・それぞれの役割分担・取り組むべき課題・テーマにおける優先度
・所属する（または所属することが見込まれる）人材の専門性，また専門性を有する人材の人数

図表5-5では，一般に設置が検討される組織（部署・委員会等）を列挙しました。どのような役割分担を図ることが効率的で円滑な運営に繋がるかは，各スポーツ団体の目的により異なりますので，慎重な検討が必要です。また，外部・内部の環境が変化するにつれ，在るべき組織構成も刻々と変化するものであり，一度構築した組織体制に固執するのではなく，定期的に見直し，再編成を行うなど，常に工夫をこらした運営が求められることも念頭に置く必要があります。自身が所属する団体に類似する目的や事業内容を有する他のスポーツ団体を参考にして，組織体制を検討することも効果的かもしれませんし，また，業務の一部を外部に委託することも工夫の一つです。

　なお，実際には，スポーツ団体は少人数で運営されていることが多く，権限と責任が特定の個人または機関に偏る傾向にあることも事実です。そこに，スポーツ団体の運営の難しさがあります。そこで，一つの鍵となるのは，組

図表5-5　主な機関（部署・委員会等）の役割分担

役割	（参考）名称例
財務・経理，総務等の事務に関する機関	財務部，管理部，総務部，情報システム部　等
広報，競技の普及推進，出版等に関する機関	マーケティング部，広報・スポーツ情報専門委員会　等
団体の目的・理念達成に資する各種企画に関する機関	企画部，将来構想委員会　等
関連する競技において専門性の高い分野（競技ルール，審判，施設等）に関しての見解を示す機関	審判部，審判専門委員会，各競技専門部　等
大会・競技会等の運営実務に関する機関	事業部，競技運営部，大会実施委員会，表彰・審査委員会　等
指導者や競技者の育成に関する機関	クラブ育成専門委員会，指導者育成専門委員会，強化育成部　等
医療・科学分野に関する研究機関	医・科学専門委員会，安全対策委員会，メディカル委員会　等
加盟団体・個人間における調停・裁定等に関する機関	裁定委員会，規律委員会，不服申立委員会，倫理委員会　等

織運営の中核を担う理事（または理事によって構成される理事会）の人選です。スポーツ団体がさまざまな利害関係者から信頼を得るためには，バランスのとれた意思決定を行い，常にそれをモニタリングする必要があります。そのため，2014（平成26）年に日本スポーツ仲裁機構が発刊した『ガバナンスガイドブック：トラブルのないスポーツ団体運営のために』では，以下の3点を考慮する必要があるとしています。

① スポーツ団体内における多様性
　競技者・元競技者を中心とするスポーツ団体内部の人材から選ぶ場合，年齢，性別，経歴，種目の違い，出身母体等が偏らないようにする。
② スポーツ団体外の人の多様性
　スポーツ団体外の関係者（ファン，メディア，地域社会，スポンサーなど）を代表する人材の任用を検討する。
③ 専門性・客観性の確保〜有識者の任用
　経営・法務・財務等の専門的・客観的な視点を確保するために，有識者（弁護士，税理士，会社役員等）の任用を検討する。

　また，理事は業務の意思決定を行うだけでなく，業務が適切に行われているかをチェックする役割を負います。したがって，情報が特定の理事にのみ集中しないように，報告義務を定めたり，定期的に合議体を開催するなど，理事間や事務職との間の連絡を密にし，風通しの良い体制を整えることが望まれます。

■参考文献

日本スポーツ仲裁機構『トラブルのないスポーツ団体運営のためにガバナンスガイドブック』

6 スポーツ団体のヒトの管理

ここまではスポーツ団体の組織の内部編成について解説してきましたが、ここからは組織外部、すなわちスポーツ団体に直接関係するヒトの管理について述べていきます。ここでは1.選手，2.会員，3.ボランティアについて説明します。

▶ 1．選手

まずは、選手とスポーツ団体の関係についてみていきましょう。以下では日本陸上競技連盟を例にとって説明を進めていきます（図表6-1）。

選手は、各都道府県の陸上競技協会に登録をすることで、日本陸上競技連盟や各陸上競技協会主催の大会での記録が公式なものとして認められるようになります。非登録者であっても大会への出場は可能ですが、記録は認めら

図表6-1　日本陸上競技連盟と選手との関係

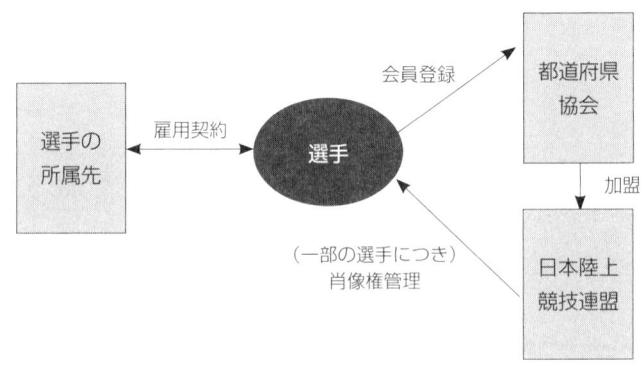

れず，また，日本代表に選出されることもありません。

　登録された選手とスポーツ団体における権利関係はさまざまなものがありますが，特に選手とスポーツ団体との間でコンフリクトが起こりやすいのは肖像権とパブリシティ権です。

　肖像権とは，憲法第13条に由来する権利であり，「個人の私生活上の自由の1つとして，何人も，その承諾なしに，みだりにその容ぼう・姿態を撮影されない自由」（最高裁大法廷昭和44年12月24日判決）です。肖像権が誰にでも認められる権利であるのに対して，パブリシティ権は「著名人が，その氏名，肖像その他顧客吸引力のある個人識別情報の有する経済的利益ないし価値を排他的に支配する権利」と定義されます。スポーツ選手に関するパブリシティ権に関する判例としては，プロ野球選手の王貞治氏が1978（昭和53）年にホームラン800号を達成した際に，あるメダル業者が王氏の許諾を得ずにその立像や氏名等が表示された記念メダルを販売しようとしたため，氏名権，肖像権に基づき，無断製造販売禁止の仮処分を申請し認容された判例があります（東京地方裁判所昭和53年10月2日決定）。現在ではアマチュア選手のパブリシティもプロ選手と比べて遜色のない経済的価値を有しており，パブリシティの利用・管理はスポーツそのものやスポーツ団体の振興にとって大きな要素となっています。

　日本陸上競技連盟では，会員規程の第3条（登録会員の肖像使用）に「登録会員のうち，本連盟強化指定競技者ならびに日本代表選手団体が肖像使用，メディア活動などを行う場合は別に定める規則に従うものとする」と定めています。すなわち，日本代表もしくはそれに準ずるトップアスリートについては日本陸上競技連盟の規則に従った肖像使用やメディア活動が求められますが，それ以外の一般選手についてはその限りではないと解せます。実際，市民ランナーはもちろん，実業団や学生等，ほとんどの選手は，その肖像権やパブリシティ権を，個人またはその所属先が管理を行っています（ただし，日本陸上競技連盟も主催大会単位での管理は行っており，例えば日本選手権の大会要項には「大会の映像・写真・記事・個人記録等は，主催者，共催者

及び主催者，共催者が承認した第三者が大会運営及び宣伝等の目的で，大会プログラム・ポスター等の宣伝材料，テレビ・ラジオ・新聞・雑誌・インターネット等の媒体に掲載することがある」「大会の映像は主催者及び共催者の許可なく第三者がこれを使用すること（インターネット上において画像や動画を配信することを含む）を禁止する」との記載があります）。

　一方，日本バスケットボール協会基本規程第3条（選手の肖像権等の使用／広告宣伝活動）では，「本協会の主催する競技会に参加する選手の当該競技会に関する肖像（中略）を使用する権利は，原則として本協会に帰属するものとする」「選手は，バスケットボール競技選手として，テレビ・ラジオ番組もしくはイベント等に出演（中略）第三者のための広告宣伝・販売促進活動等に関与する場合，所属チームを経由し，本協会にあらかじめ届け出て，その承認を得なければならない」「本協会は，所定の承諾料を選手から徴収することができる」「選手は，本協会または所属チームの加盟する連盟が自らのために広報・広告宣伝活動を行う場合，原則として無償で協力しなければならない」とされています。日本バスケットボール協会では，協会主催の競技会におけるパブリシティはすべて協会に帰属します。しかし，協会の承諾と承諾料の支払いを条件として，選手自らによるパブリシティの利用が認められています。承諾料の多寡にもよりますが，比較的自由に選手によるパブリシティの利用を認めている例といえるでしょう。協会が主催する競技会に関係するものに限られますが，協会が人気のある選手のパブリシティを積極的に利用することが可能となっており，人気選手のキャラクターを競技会の放送において利用するなど，パブリシティ利用の観点からすると利用可能性が広がる興味深い規程といえます。

　選手の肖像権・パブリシティの管理については，唯一の最良の解はありません。スポーツ団体が完全に権利を握っては選手の不平を招きかねませんし，すべてを選手に委ねてはスポーツ団体にマイナスの影響をもたらすことがあるかもしれません。よって，スポーツ団体は常に選手との対話を重ねてくことが求められます。また，規程について，ホームページ等できちんと示し，

スポーツ団体の姿勢を示していくことを忘れてはなりません。

▶ 2．会員

　ここからは，会員とスポーツ団体の関係について解説します。会員は大きく分けると正会員と賛助会員の2つです。正会員はそのスポーツ団体が行う大会やイベント等の活動に参加することを通じてスポーツ団体を支援します。一方で賛助会員とは，事業への賛同の意を表する意味で入会・登録し，運営・実行に直接関与せず，入会金や賛助会費によってスポーツ団体を支援します。

　スポーツ団体と会員との関係を考えるときにまずあげられるのが，個人情報です。スポーツ団体は会員の管理のために多くの個人情報を有しています。個人情報とは，「個人情報の保護に関する法律」によれば，「生存する個人に関する情報であって，当該情報に含まれる氏名，生年月日その他の記述等により特定の個人を識別することができるもの」とあります（個人情報の保護に関する法律　第2条）。具体的には，氏名，生年月日，住所等，単独・組み合わせどちらでも個人を特定できる情報のことです。

　会員登録の際に，スポーツ団体は会員の個人情報を収集します。図表6－2の会員申込書に東京陸上競技協会の例を示したように，スポーツ団体は会

図表6－2　東京陸上競技協会賛助会員申込書

私（当社・当団体）は東京陸上競技協会の26年度賛助会員として申し込みます。				
個人氏名		（申込日・平成　　年　　月　　日）		
企業・団体名		代表者役職 氏　　　名		
住所	（〒　　－　　）			
自宅電話		携帯電話		
東京陸協登録 所属団体名				
年会費（寄附金）	口　　　　　　　　　円			

東京陸上競技協会ホームページより抜粋

員の個人情報を保有しています。これらの情報はスポーツ団体が，大会やイベントの情報を発信するとき等に必要となります。

個人情報を使用する際のルールは2005（平成17）年4月より施行された「個人情報の保護に関する法律」で定められています。この法律では，5,000件を超える個人情報を事業のために保有している場合に，「個人情報取扱事業者」として定義され，法律を遵守することが求められます。スポーツ団体は大小さまざまであり，保有する個人情報が5,000件に満たないスポーツ団体も多く存在します。これらのスポーツ団体は，個人情報保護法の観点からは，個人情報取扱事業者とは定義されません。しかし，今般の個人情報の重要性を鑑みれば，仮に，保有する個人情報が少なかったとしても，この法律を遵守することが望ましいでしょう。個人情報取扱事業者には図表6－3のような義務が課せられています。

図表6－3　個人情報取扱事業者の義務

①	個人情報を取り扱うにあたっては利用目的をできるかぎり特定し，原則として利用目的の達成に必要な範囲を超えて個人情報を取り扱ってはならない。
②	個人情報を取得する場合には，利用目的を通知・公表しなければならない。なお，本人から直接書面で個人情報を取得する場合には，あらかじめ本人に利用目的を明示しなければならない。
③	正確な個人データを安全に管理し，従業員や委託先も監督しなければならない。
④	あらかじめ本人の同意を得ずに第三者に個人データを提供してはならない。
⑤	事業者の保有する個人データに関し，本人からの求めがあった場合には，その開示を行わなければならない。
⑥	事業者が保有する個人データの内容が事実でないという理由で本人から個人データの訂正や削除を求められた場合，訂正や削除に応じなければならない。
⑦	個人情報の取扱いに関する苦情を，適切かつ迅速に処理しなければならない。

法律に基づき，各スポーツ団体は個人情報の取り扱いに関する方針を規程に定めています。例えば，日本陸上競技連盟の登録会員の個人情報に関する会員規程では，「登録会員の個人情報は，本連盟の個人情報保護方針に従い

取り扱われる」「登録会員から取得した個人情報は，登録会員の管理，資格審査，競技会に関する情報の発信・公表，陸上競技に関する必要な連絡などに利用することができる」と定めています。

さらに，今ではほとんどの企業やスポーツ団体を含む団体が個人情報保護方針，別名「プライバシーポリシー」を定めています。これは企業や団体の個人情報保護についての考え方や対策をより詳細に示したものです。参考として，日本陸上競技連盟の個人情報保護方針の一部を図表6－4に抜粋しました。個人情報管理の重要性が高まっている現在では，個人情報保護方針の策定は必須と考えてよいでしょう。そしてこの方針を周知徹底させるために，ホームページへの記載や，書面としての配付が求められます。

図表6－4　日本陸上競技連盟の個人情報保護方方針（一部抜粋）

個人情報の取得 本連盟は，適法かつ公正な手段によって個人情報を取得します。 個人情報の利用 本連盟は，法令に定める場合を除き，個人情報を取得の際に特定した利用目的の範囲内で利用します。 個人情報の第三者提供 本連盟は，法令に定める場合を除き，個人情報を事前に本人の同意を得ることなく第三者に提供しません。 個人情報の管理 ・本連盟は，個人情報を正確かつ安全に管理します。 ・本連盟は，個人情報の紛失，破壊，改ざん及び漏洩などを防止するため，適切な情報セキュリティ対策を含む安全管理措置を講じます。 個人情報の開示・訂正・追加・利用停止・消去 本連盟は，本人が自己の個人情報について，開示・訂正・追加・利用停止・消去等を求める権利を有していることを確認し，これらの要求がある場合は速やかに対応します。 個人情報保護規程の策定・実施・維持・改善 本連盟は，本方針を実行するため，個人情報保護規程を策定し，本方針とあわせて，本連盟の役職員その他の関係者に周知徹底させて実施し，維持し，継続的な改善に努めます。

▶ 3．ボランティア

　スポーツ団体におけるボランティアの存在は，スポーツイベントを成功に導く縁の下の力持ちといわれています。近年では東京マラソンのボランティアに1万人が従事するなど，ボランティアの熱も高まっているようです。2020年の東京オリンピック・パラリンピックにおいても，通訳や運営補助等多くのボランティアの協力が不可欠でしょう。

　ボランティアは（1）クラブ・団体ボランティア，（2）イベントボランティア，（3）アスリートボランティアの3つに分けることができます。

(1) クラブ・団体ボランティア

　クラブ・団体ボランティアは，地域スポーツやスポーツ団体におけるボランティアを指し，日常的かつ定期的な活動と考えてよいでしょう。ママさんバレーのコーチ等の「ボランティア指導者」が該当します。また，スポーツ団体の役員や幹事といった「運営ボランティア」も該当します。

(2) イベントボランティア

　イベントボランティアは，上述の東京マラソンに代表される市民マラソン大会などのスポーツイベント，大会を支えるボランティアを指しており，非日常的で不定期的活動といえます。イベントボランティアの中でも，求められる技術や知識に応じて，専門ボランティアと一般ボランティアとに分けて考えることができます。前者は，競技の審判や通訳，救護係，データ処理係等があげられ，これらは一定の知識や技術が必要とされます。一方で，後者は特別な技術や知識は必要なく，給水係，案内係，受付係，運搬・運転係等があげられます。なお，陸上競技を例にあげた場合，専門ボランティアは競技役員とされ少額ではありますが謝金や日当を得ていることがあるため純粋なボランティアといえない部分もあります。また，一般ボランティアは補助員と呼ばれています。

大きな大会，すなわち多くのボランティアが必要な場合はイベント・大会のホームページでボランティアを募集するケースが多いようです。一方，小規模なイベント・大会，例えば，中高生の大会等では学校の先生や学生がボランティアをしていることもあります。また，日本陸上競技連盟が主催するような大きなマラソン大会では，共催にあたるテレビ局や新聞社が各地域の走友会（ランニングの普及や市民の健康増進の啓発に努めている会）とのネットワークを利用し，その会員がボランティアをするという方法をとっていることもあります。

(3) アスリートボランティア

　アスリートボランティアは現役・OBのプロスポーツ選手やトップアスリートによるボランティアで，オフシーズンの福祉施設訪問や，子どもへの指導等の社会貢献活動を行っています。最近ではさまざまな種目のトップアスリートが集まってNPO法人等を組織し活動するケースが増えています。

　ボランティアは，会員同様に個人情報の保護が必要になります。また，万が一ボランティアが事故を起こしてしまった場合には，ボランティア自身だけでなく，イベント・大会等を主催したスポーツ団体も法的責任を追及されることもあり得ることから，スポーツ団体はボランティア保険の導入やボランティアに関する管理方針についても検討する必要があるでしょう。

■参考文献

笹川スポーツ財団編（2014）『入門スポーツガバナンス：基本的な知識と考え方』東洋経済新報社
スポーツにおけるボランティア活動の実態等に関する調査研究協力者会議（2000）「スポーツにおけるボランティア活動の実態等に関する調査研究報告書」スポーツにおけるボランティア活動の実態等に関する調査研究協力者会議
高橋伸次（2001）「スポーツにおけるボランティ指導者の実態とその課題」『地域政策研究』（高崎経済大学地域政策学会）3巻3号
谷塚哲（2008）『地域スポーツクラブのマネジメント：クラブ設立から運営マニュアルまで』カンゼン
谷藤千香（2005）「地域におけるスポーツ団体と運営ボランティア―千葉県レディースバドミントン連盟を事例として」『千葉大学教育学部研究紀要』53巻
広瀬一郎編著（2009）『スポーツ・マネジメント理論と実務』東洋経済新報社
武藤泰明（2013）『プロスポーツクラブのマネジメント：戦略の策定から実行まで』東洋経済新報社
東京陸上競技協会HP

7
スポーツ団体に関係する法規制

　スポーツ中の事故，競技者間での争い，肖像権や契約，指導者の育成，各種のハラスメント等，スポーツに関しても，さまざまな問題が発生しており，それらを解決すべく，法律が定められています。

　図表 7 - 1 は「スポーツ六法」をもとに主な法規制を列挙したものです。この章では，日本におけるスポーツ団体全般に関する法規制について，最低限知っておくべき主要なものについて解説します。

図表 7 - 1　スポーツ六法の構成

大区分	小区分	法規制例
スポーツの基本法	基本法令	日本国憲法 スポーツ基本法
	スポーツ国際法	ヨーロッパ・みんなのためのスポーツ憲章 体育およびスポーツに関する国際憲章 新ヨーロッパ・スポーツ憲章 オリンピック憲章
	スポーツの精神	世界ドーピング防止規定 日本ドーピング防止規定 日本体育協会スポーツ憲章 日本中学校体育連盟憲章
スポーツの行政と政策	スポーツの行政	文部科学省設置法 厚生労働省設置法
	スポーツの振興と政策	独立行政法人日本スポーツ振興センター法 スポーツ振興投票の実施等に関する法律
	スポーツ情報の公開と保護	情報公開法 個人情報保護法
生涯スポーツ	-	生涯学習の振興のための施策の推進体制等の整備に関する法律 社会教育法
スポーツと健康	-	健康増進法 医師法
スポーツと環境	-	環境基本法 JOC 環境方針

第Ⅱ部 スポーツ団体の組織運営

スポーツの享受と平等	子どもとスポーツ	児童福祉法 児童(子ども)の権利に関する条約
	スポーツとジェンダー	男女共同参画社会基本法 セクシュアル・ハラスメントの防止等 あらゆる形態の人種差別の撤廃に関する国際条約
	スポーツと障害者	障害者基本法 身体障害者スポーツの振興について
学校スポーツ	-	学校教育法 教育職員免許法 学習指導要領
スポーツとビジネス	スポーツ産業関連	会社法 著作権法 商標法 消費生活用製品安全法
	プロスポーツの団体・選手契約	労働組合法 日本プロフェッショナル野球協約 日本サッカー協会 基本規程
スポーツ事故	スポーツ事故の法的責任	民法 刑法 国家公務員法
	スポーツ事故の防止と対策	学校の体育行事等における事故防止について 水泳.登山等の野外活動における事故防止について
スポーツ紛争と手続	-	民事訴訟法 刑事訴訟法 仲裁法 日本スポーツ仲裁機構 スポーツ仲裁規則
スポーツの補償	-	独立行政法人日本スポーツ振興センター法 運動競技に伴う災害の業務上外の認定について
スポーツの安全管理	-	労働基準法 労働安全衛生法 建築基準法 興行場法 東京都体育施設条例
スポーツ関係団体	スポーツ団体関連法	独立行政法人通則法 一般社団法人及び一般財団法人に関する法律 公益社団法人及び公益財団法人の認定等に関する法律 特定非営利活動促進法（NPO法人）
	スポーツ団体	日本体育協会寄附行為 日本オリンピック委員会寄附行為
	公営競技	競馬法 自転車競技法 モーターボート競走法
	国際スポーツ大会の開催	オリンピック東京大会の準備等のために必要な特別措置に関する法律 長野オリンピック冬季競技大会の準備及び運営のために必要な特別措置に関する法律 平成14年ワールドカップサッカー大会特別措置法

▶ 1. スポーツ基本法

　スポーツ六法によると,「法の存在形式からスポーツ法を分類すると,成文法としてのスポーツ制定法と,不文法としてのスポーツ固有の法に分けることができる」と記載されています。そして,スポーツ固有の法とスポーツ制定法の概略を簡潔にすると,図表7－2のように分けることができます。

図表7－2　スポーツ固有の法とスポーツ制定法の概略

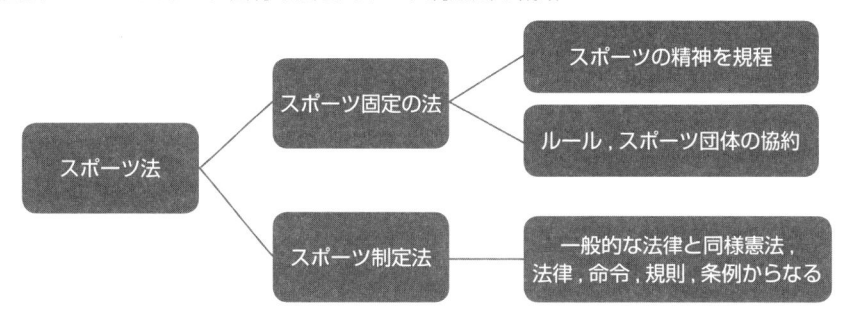

```
                    ┌── スポーツ固定の法 ──┬── スポーツの精神を規程
                    │                      └── ルール,スポーツ団体の協約
        スポーツ法 ──┤
                    │                      ┌── 一般的な法律と同様憲法,
                    └── スポーツ制定法 ────┤   法律,命令,規則,条例からなる
```

　スポーツ団体に関する枠組みの中で,戦後日本における最も大きな法律としてあげられるのは「スポーツ振興法」です。「スポーツ振興法」は1961（昭和36）年に議員立法として,また,社会教育法の特別法として成立しました。わが国唯一のスポーツ立法で,上記に記したスポーツ制定法に該当します。「スポーツ振興法」は4章23条および附則からなり,スポーツ振興の基本的な法律で,スポーツをすることを国民に強制することを禁止し,国民の心身の健全な発達と明るく豊かな国民生活の形成を目的とするものでした。

　「スポーツ振興法」の制定から50年が経過したことにより,スポーツが国民に広く浸透し,スポーツを行う目的が多様化したことを受けて,スポーツを巡る状況の変化に対応する必要がありました。このような中,スポーツに関する権利を保障する法律として制定されたのが,「スポーツ振興法」を改定して2011（平成23）年に施行された「スポーツ基本法」です。

「スポーツ基本法」は第1章総則，第2章スポーツ基本計画等，第3章基本的施策，第4章スポーツの推進に係る体制の整備，第5章国の補助等という5つの章から形成されています。「スポーツ基本法」の目的は第1条に掲げられているとおり，「スポーツに関し，基本理念を定め，並びに国及び地

図表7-3 「スポーツ基本法」8つの基本理念

①	スポーツは，これを通じて幸福で豊かな生活を営むことが人々の権利であることに鑑み，国民が生涯にわたりあらゆる機会とあらゆる場所において，自主的かつ自律的にその適性及び健康状態に応じて行うことができるようにすることを旨として，推進されなければならない。
②	スポーツは，とりわけ心身の成長の過程にある青少年のスポーツが，体力を向上させ，公正さと規律を尊ぶ態度や克己心を培う等人格の形成に大きな影響を及ぼすものであり，国民の生涯にわたる健全な心と身体を培い，豊かな人間性を育む基礎となるものであるとの認識の下に，学校，スポーツ団体（スポーツの振興のための事業を行うことを主たる目的とする団体をいう。以下同じ。），家庭及び地域における活動の相互の連携を図りながら推進されなければならない。
③	スポーツは，人々がその居住する地域において，主体的に協働することにより身近に親しむことができるようにするとともに，これを通じて，当該地域における全ての世代の人々の交流が促進され，かつ，地域間の交流の基盤が形成されるものとなるよう推進されなければならない。
④	スポーツは，スポーツを行う者の心身の健康の保持増進及び安全の確保が図られるよう推進されなければならない。
⑤	スポーツは，障害者が自主的かつ積極的にスポーツを行うことができるよう，障害の種類及び程度に応じ必要な配慮をしつつ推進されなければならない。
⑥	スポーツは，我が国のスポーツ選手（プロスポーツの選手を含む。以下同じ。）が国際競技大会（オリンピック競技大会，パラリンピック競技大会その他の国際的な規模のスポーツの競技会をいう。以下同じ。）又は全国的な規模のスポーツの競技会において優秀な成績を収めることができるよう，スポーツに関する競技水準（以下「競技水準」という。）の向上に資する諸施策相互の有機的な連携を図りつつ，効果的に推進されなければならない。
⑦	スポーツは，スポーツに係る国際的な交流及び貢献を推進することにより，国際相互理解の増進及び国際平和に寄与するものとなるよう推進されなければならない。
⑧	スポーツは，スポーツを行う者に対し，不当に差別的取扱いをせず，また，スポーツに関するあらゆる活動を公正かつ適切に実施することを旨として，ドーピングの防止の重要性に対する国民の認識を深めるなど，スポーツに対する国民の幅広い理解及び支援が得られるよう推進されなければならない。

方公共団体の責務並びにスポーツ団体の努力等を明らかにするとともに，スポーツに関する施策の基本となる事項を定めることにより，スポーツに関する施策を総合的かつ計画的に推進し，もって，国民の心身の健全な発達，明るく豊かな国民生活の形成，活力ある社会の実現及び国際社会の調和ある発展に寄与すること」です。そして，第2条において，図表7－3にある8つの基本理念が掲げられています。

▶ 2．国際的な法規制

次にオリンピック憲章など日本においても関係のある国際的な法規制について，どのような法規制があるかについて紹介します。

・ヨーロッパ・みんなのためのスポーツ憲章

1975（昭和50）年にヨーロッパ・スポーツ担当大臣会議にて採択されたものです。全8条で構成され，第1条において，すべての個人は，スポーツに参加する権利をもつという人々のスポーツに対する権利を規定している箇所が特徴的です。

・体育およびスポーツに関する国際憲章

1978（昭和53）年にユネスコの総会にて採択されました。全11条から構成され，体育・スポーツの権利，国家機関の役割，国際協力の必要性を明確にした国際的な合意文書です。日本においては，未だ「仮訳」の扱いです。

・新ヨーロッパ・スポーツ憲章

1992（平成4）年に第7回ヨーロッパ・スポーツ閣僚会議にて採択されました。上記に記したヨーロッパ・みんなのためのスポーツ憲章の理念をさらに発展させたものであり，全13条から構成されています。同時にヨーロッパ・スポーツ倫理綱領も採択されています。

・オリンピック憲章

　2011（平成23）年より有効となったものです。当該法律は，近代オリンピズムの生みの親であるピエール・ド・クーベルタンの提唱するオリンピズムを具現化するために策定されました。前文において近代オリンピックの変遷が記され，オリンピズムの根本原則が続いて記されています。本文は全6章から構成され，オリンピックの組織委員会から，開催都市の選定方法，オリンピック競技大会への参加資格，オリンピック競技大会のプログラムに至るまで幅広く記されています。

3. 反ドーピングに関するルール

　次にスポーツにおいて，スポーツ分野で最も注目を浴びる論点の1つであるドーピングに関するルールについて記していきます。世界ドーピング防止規定によるとドーピングとは，図表7-4に示す8つの項目のうち，1以上の違反行為が発生することをいいます。

　ドーピングがこのように明確に定義され，厳しく規制されている背景には，スポーツにおいてはフェアプレイ精神が前提にあり，公正な競争こそがスポーツの魅力の源泉であるということ，ドーピングには副作用が伴う場合も多く，選手の体を保護する必要があることがあげられます。以下では，ドーピング規制に関する法について順に記していきます。

・スポーツにおけるドーピングの防止に関する国際規約

　2005（平成17）年10月の第33回ユネスコ総会において採択され，2007（平成19）年2月に発効しています。スポーツ六法によると「競技者保護およびスポーツにおける倫理の保持，ならびに研究成果の共有など，ドーピング防止に関するあらゆる形態の国際協力を奨励することとしている。スポーツ分野における政府間条約・規約の最初のものである」とされている国際規約です。

図表7-4 ドーピングの8つの例

ドーピングの例	以下①～⑧のいずれに該当する場合
	① 競技者の身体からの検体に禁止物質，その代謝産物あるいはマーカーが存在すること。
	② 禁止物質，禁止方法を使用する，または使用を企てること。
	③ 正式に通告された後で，正当な理由なく，検体採取を拒否すること。
	④ 競技外検査に関連した義務に違反すること。具体的には，居所情報を提出しないことや連絡された検査に来ないこと。
	⑤ ドーピング・コントロールの一部を改ざんすること，改ざんを企てること。
	⑥ 禁止物質および禁止方法を所持すること。
	⑦ 禁止物質・禁止方法の不法取引を実行すること。
	⑧ 競技者に対して禁止物質や禁止方法を投与・使用すること，または投与・使用を企てること，アンチ・ドーピング規則違反を伴う形で支援，助長，援助，教唆，隠蔽などの共犯関係があること，またはこれらを企てる行為があること。

・世界ドーピング防止規定

2003（平成15）年に世界アンチ・ドーピング機構により策定されました。上記に記したドーピングの定義が記されているほか，多くの競技団体がこの規程に従っています。本文は2部構成になっており，第1部ドーピング・コントロールとして，ドーピングの定義から始まり，検査基準，ドーピング防止規則違反に関する資格停止，ドーピング防止期間に関する情報プライバシーに関する事項が記されています。また，第2部においては，教育および研究として，ドーピングのないスポーツのための教育，ドーピング防止研究活動の目的，ドーピング防止期間の役割および責務が記されています。

・日本ドーピング防止規定

2009（平成21）年に日本アンチ・ドーピング機構より発効された規定です。日本ドーピング防止規定は，上記の世界ドーピング防止規定を受けて，公益財団法人日本アンチ・ドーピング機構の責務を以て国内におけるドーピン

グを根絶しようとする同財団の継続的な活動を促進するために採択されました。また，日本ドーピング防止規定は20条から成ります。

・スポーツにおけるドーピングの防止に関するガイドライン

　文部科学省によって2007（平成19）年に策定されたガイドラインです。国内ドーピング防止機関およびスポーツ団体は，本ガイドラインに沿って，ドーピング防止活動を実施していくとともに，文部科学省においては厚生労働省等と連携・協力し，国内におけるドーピング防止活動の円滑な実施に必要な支援を講じていくことが記されています。

4．スポーツにおける紛争と仲裁・調停

　スポーツにおいて，国際大会への派遣選手を決めるのは競技団体です。しかし，競技者においても，競技団体の決定に不満を抱く場合があります。そこで，日本においては2003（平成15）年にスポーツ仲裁機構が設立されました（国際的には，1984（昭和59）年に国際オリンピック委員会がスポーツ仲裁裁判所を設立しています）。当機構は，スポーツ法の透明性を高め，競技者と競技団体との間の紛争の調停および仲裁を目的に設立されました。

　また，当機構は3つの仲裁規則と1つの調停規則から構成されています。そこで，下記において，順に説明していきます。

・スポーツ仲裁規則

　当規則は，申立人が競技者で，被申立人を競技団体とした紛争に関する仲裁を対象としています。申立人が申立料金5万円を支払うことによって，原則3名の仲裁人で構成される仲裁パネルによる仲裁判断を比較的短期間に得られる点に特徴があります。被申立人である競技団体の同意が不可欠ではあるものの，競技団体によっては事前の規則等で競技者からの申立があれば自動的に仲裁に応じる競技団体もあります。

・ドーピング紛争に関するスポーツ仲裁規則

　当規則は，日本アンチ・ドーピング機構の日本ドーピング防止規定に基づいた決定に対して，不服申し立てがある際に行われる仲裁について記されています。ドーピングに関する話題は，昨今においても非常に関心の高い事項であり，処分を受けた競技者のみならず，世界アンチ・ドーピング機構が日本において下した処分についても，異議を申し立てることが可能である点に特徴があります。さらに，重要な案件については，日本での仲裁判断が最終的なものにならず，スイスのローザンヌのスポーツ仲裁裁判所にて最終的な決定が下される場合があります。

・特定仲裁合意に基づくスポーツ仲裁規則

　当規則は，スポーツに関するあらゆる紛争に対応しており，一般の社会的な紛争と同様なものです。すなわち，申立人の請求額に比例した手続料金と仲裁にかかる所要時間に比例した報酬を仲裁人に支払う点に特徴があります。

・特定調停合意に基づくスポーツ仲裁規則

　当規則は当事者間での話し合いにて紛争を解決する場合に，当事者間の話し合いの場に調停人が出席し，第三者として公平に助言等を行うことによって，当事者が円満に和解することを導くための手続きです。

Column　スポーツ団体の内部統制

　適切な法人運営のための組織およびプロセスの設計および運用を「内部統制」といいます。

　スポーツ団体は、競技者を筆頭に団体の運営を外部から支える行政庁や金融機関などさまざまな利害関係者を有し、それぞれの期待は、利害関係者によって異なります。しかし、大方の利害関係者がスポーツ団体に共通して期待していることは、効率的に、効果的にそして適法にスポーツの普及活動に努めてほしいということではないでしょうか。こうした期待に応え、内部統制を構築し、適切な運営を行っていることを明示することで、スポーツ団体の社会的信頼の維持が可能になります。

　内部統制に不備があり、社会の期待に応える運営ができていないのではないかと考えられる状況が発生したときには、行政官庁より「勧告」等指摘を受けることがあります。

　国・都道府県公式公益法人行政統合情報サイト「公益法人 Information」では、勧告の情報を掲載しています。公益法人という制度が設計された 2008（平成 20）年から 2014（平成 26）年 7 月までに公表された勧告のうち、スポーツ団体に係るものは 5 件です（参考図表）。

　それでは、図表のような勧告を受ける事態は、どのような内部統制が機能していれば発生しなかったのでしょうか。

　例えば、全日本テコンドー協会の帳簿に記載されていない資金や全日本柔道連盟の助成金の取扱不明瞭という事態は、資金の使途を決定する理事会等役員の独断を阻止できる合議体の取り決めの存在や監査役に相当するような監督者による適切なチェック制度、また資金を適切に記帳する事務機能の設計と運用が存在すれば、発生しなかったのではないかと考えられます。

　また、全日本柔道連盟の暴力問題については、倫理規定の設定や不当な取扱を受けた者や不当な取扱が発生していることを知る者がその課題を適切な部署や外部に通報できる環境と制度を設計し、運用していれば、問題は最小限に留めることができたはずです。不正ホットラインの設定や暴力行為を通報できるような組織風土という適切な内部統制は、安全・安心に、そして公平に競技をしたい、選手を応援したいという社会の期待に応えることに寄与します。

法人名	主な勧告理由	内部統制の具体的な不備の疑い	社会の期待（例）
全日本テコンドー協会	定款でなく理事会決議決定で制定された賞罰規程に基づき「社員の資格停止処分」を受けた社員が，社員総会における議決権行使が妨げられていることは，一般法人法に違反・抵触している疑いがある。	理事会や社員総会での適法性・公平性を確保する監督機能の欠如	適法・公平なスポーツ普及活動
全日本テコンドー協会	公益財団法人日本オリンピック委員会から支払われる専任コーチの謝金を原資とする帳簿に記載されていない資金の流れが少なくとも5年にわたり存在していたこと。当該資金の流れは代表理事が主導したものであるが，資金の残金が存在しないことの明確な根拠が示されず，本事案に適切に対処し，経理的基礎を回復する努力がなされていない。	理事の主導する行為を監督する機能，適正経理の能力の欠如	公平なスポーツ普及活動・競技者の取扱，資金使途の説明
日本アイスホッケー連盟	連盟の定款細則等の規定・運用が，役員推薦委員会からの推薦以外に評議員会への提案を認めないものであるとすれば，一般法人法に基づく評議員会の議決権，評議員の提案権を違法に制約するものである。旧体制が選任決議の有効性を認めず，新体制への業務引継ぎがなされない事態が継続する限り，連盟は一般法人法に違反・抵触している疑いがある。	規定に基づく評議員会の運用を怠ることができる法人環境	適時で公平性のあるスポーツ活動の普及行為
日本プロゴルフ協会	2006（平成18）年の理事候補監禁事件と公益法人への移行を契機に2度の「暴力団排除宣言」をしていたにもかかわらず，協会において，2013（平成25）年8月以降，理事及び副会長が指定暴力団会長等と交際していた問題が発覚した。外部から見ると，長年の役員を務める者のこのような事実の発生は，他の役員や当該役員を選出し続けてきた代議員・会員の間に広く同種の事情があるのではないかという疑いを招く。本件事案の全体像について法人内外への説明が不足し，暴力団排除の対応が徹底されていない状況がある。協会は公益認定法に定める欠格事由に該当するおそれがある。	公益認定基準（反社会勢力と関わらないこと）を遵守しない法人環境	透明な資金での活動，安全なスポーツ実施環境
全日本柔道連盟	女子日本代表選手の指導における暴力問題に関し，現場の選手の声を受け止め組織の問題として対処する仕組みが存在しなかったこと。助成金の受給資格及び強化留保金への拠出について不透明な慣行を放置していたこと。これらは，公益認定基準である「公益目的事業を行うのに必要な経理的基礎及び技術」に欠けている疑いがある。また，一連の問題について，連盟の執行部・理事会・監事等がそれぞれの職責を果たさず，一般法人法に定められる任務の懈怠の疑いがある。	不正通報ホットラインの不足，適正経理能力の欠如	安全で公平なスポーツ実施環境，資金使途の説明

近年は，法令遵守や私人の権利を大切にする傾向にあり，このことに対する国民の関心も高まっています。一般事業会社では，多額の損失（赤字）を計上することと同程度に，不正な財務報告や資金の横領，コンプライアンス違反が発生した場合には大きくニュースで取り上げられます。このことは，たとえ利益を計上していても，あるいは事業を順調に拡大していても，守るべきルールを徹底的に遵守し，適切な内部統制を運用して事業を遂行していない企業には容易く信頼は付与できないという国民の心持の表れのようにも見受けられます。

　このような国民の関心は，当然スポーツ団体にも当てはまります。どんなにスポーツで良い成績を残しても，法令を守らず，暴力問題を起こし，資金の使途に説明がないようでは，国民はその団体を心から信頼はしないでしょう。社会の期待を裏切らないためにも，自らの団体の築いてきた社会的信頼を失わないためにも，問題が発生する前に適切な内部統制の整備・運用について考えてみるのはいかがでしょうか。

■参考文献

小笠原正・塩野宏・松尾浩也編集代表（2014）『スポーツ六法』信山社
国・都道府県公式公益法人行政統合情報サイト「公益法人Information」
公益財団法人笹川スポーツ財団（2012）「研究レポート　中央競技団体の現況調査」
内閣府「公益財団法人日本アイスホッケー連盟に対する勧告について」平成25年11月20日
内閣府「公益社団法人全日本テコンドー協会に対する勧告について」平成25年12月11日
内閣府「公益財団法人全日本柔道連盟に対する勧告について」平成25年7月24日
内閣府「公益社団法人全日本テコンドー協会に対する勧告について」平成26年4月16日
内閣府「公益社団法人日本プロゴルフ協会に対する勧告について」平成26年4月2日
道垣内正人・早川吉尚編著（2011）『スポーツ法への招待』ミネルヴァ書房
WORLD ANTI-DOPING AGENCY（2009）「世界ドーピング防止規定」

第Ⅲ部

スポーツ団体の経理

第Ⅲ部では，まず全体像を説明した後，以下を順に説明していきます。

9　スポーツ団体の会計処理　・・・「記録」
10　スポーツ団体の予算管理　・・・「予算／管理」
11　スポーツ団体の資金管理　・・・「資金管理」
12　スポーツ団体の損益管理　・・・「損益管理」
13　スポーツ団体の情報開示　・・・「報告」

なお，スポーツ団体は通常納税義務を負います。そのため，上記に加えて，「税務申告」も重要な経理業務といえます。税務については第Ⅳ部で解説します。

8 スポーツ団体の経理業務

　一般事業会社においても，スポーツ団体においても，経理業務として行われている内容に大きな違いはありません。経理業務を簡潔にいうと，1年間の取引や活動内容を「記録」して，それを取りまとめて「報告」することです。また，それらの記録をベースに，当期の活動が想定通りに行われているかをチェックするために活動見込を作成し，モニタリングする「予算／管理」が加わります。なお，「予算／管理」は，活動に必要な資金が不足のないように計画的に調達・運用する「資金管理」と，活動によって過不足のない利益が見込まれるかを管理する「損益管理」に分けることができます。

　経理業務は通常1年を一区切りとして行われ，毎日の業務で行うべきもの，毎月行うべきもの，四半期ごとに行うべきもの，年次で行うべきものから構成されます。スポーツ団体では四半期という概念はあまり適用されないことから，一般的な①日次の業務，②月次の業務，③年次の業務の具体例を列挙しました。

①日次の業務
・入金伝票や出金伝票などの整理を中心とした現金出納の業務
・当座預金や普通預金等の各種預金を使って支払いや振込みを行う預金の業務
・取引の書類（請求書等の証憑）を日付順，入出金順に整理して保存する整理業務

②月次の業務
- 売上の計上，売掛金の回収，仕入の計上，買掛金の支払い等の月締で実施する業務
- 会社の売上，財産や負債の状況を把握して経営に役立てるために行う月次決算業務

③年次の業務
- 前会計年度の実績に基づいて行うような，会計年度の予算編成・予算管理業務
- 売上や仕入を月次で締めた後に行う，決算調整等の決算整理業務
- 決算に基づいて行う税金に関する申告業務・納税業務

　これらの業務の積み重ねにより，1年間の取引や活動が帳簿に記録され，年度末の会計報告が可能となるのです。上記3つの業務の流れを整理したのが図表8－1です。

　経理業務の全体像は，一般事業会社，スポーツ団体でも大きな違いはありません。以降はスポーツ団体の経理業務に焦点を当てて説明を進めていきます。なお，プロスポーツ団体は利益を追求することから要求されるルールも一般事業会社と同様であることが多く，また任意団体等については，そもそもの明確なルールがないこともあり，各団体の裁量の余地が大きいため，以降は一般法人，公益法人，NPO法人を中心に説明していくことになります。

(1) スポーツ団体の会計処理

　スポーツ団体における会計は，一般事業会社と同様に複式簿記により記録されます。簿記自体については多数の書籍がありますので詳細な解説は本書では割愛しますが，各スポーツ団体は作成が必要な財務諸表が法律上定められています。また，一例として，以下に列挙するような項目において，一般事業会社では通常発生しないような会計処理が必要となります。

・助成金
・スポンサー収入
・ライセンス料
・会費
・グッズ販売

これらの点について,「9　スポーツ団体の会計処理」で明らかにしていきます。

図表8－1　経理業務の1年間の流れ

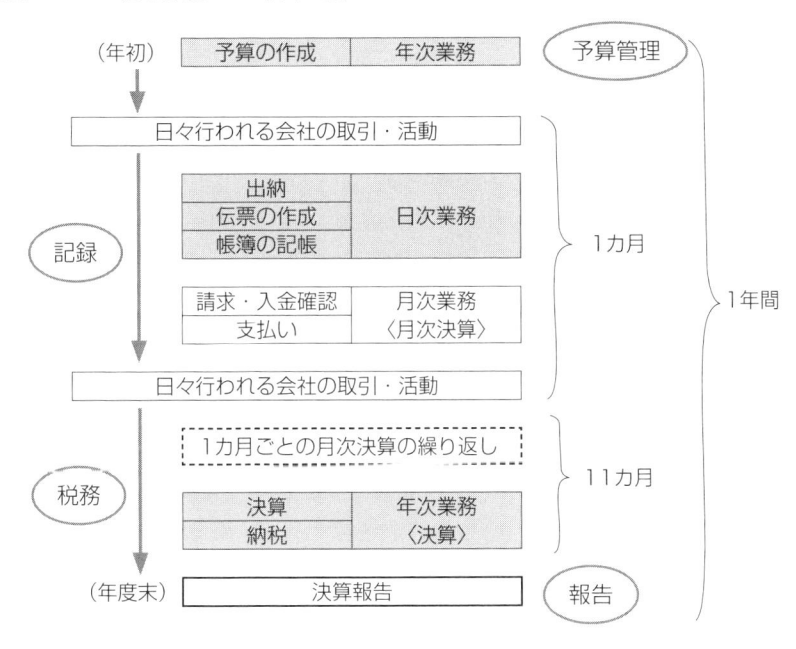

```
(年初)     予算の作成  年次業務          予算管理

           日々行われる会社の取引・活動

           出納
           伝票の作成   日次業務
記録       帳簿の記帳                    1カ月
                                                  1年間
           請求・入金確認  月次業務
           支払い          〈月次決算〉

           日々行われる会社の取引・活動

           1カ月ごとの月次決算の繰り返し
                                        11カ月
税務       決算          年次業務
           納税          〈決算〉

(年度末)    決算報告                      報告
```

(2) スポーツ団体における予算編成／管理

　一般事業会社において，予算計画の立案と予実管理は経営において重要な要素とされています。それは，利益を追求する一般事業会社においては，計画と実行とそのモニタリングに基づく戦略的な利益獲得が求められているか

らです。

しかし，スポーツの振興を目的とするスポーツ団体では，予算計画の立案と予実管理は一般事業会社のそれとは少し性格が異なります。例えば，公益法人では，その公益事業について収入がその収入を得るために必要とする適正な費用の額を超えてはならないという収支相償という考え方があり，利益を追求することは要求されていません。むしろスポーツ振興のために健全で継続的な運用が重要となります。そのため，予算計画の立案と予実管理は，スポーツ振興のための年間の活動内容の計画と，それが想定通りに進められているか否かをモニタリングし，必要に応じて臨機応変に対応することを目的としています。

この点について,「10　スポーツ団体の予算管理」で明らかにしていきます。

(3) スポーツ団体における資金管理

スポーツ団体がスポーツの振興活動を継続していくためには，活動資金が不可欠です。したがって，予算編成／管理のうちでも，資金管理は特に重要です。資金管理は，大きく収支計画と資金調達に分けて考えられます。

スポーツ団体は，主に助成金，スポンサー収入，会費，入場料収入，放映権料等により資金を調達し，大会運営などの事業のために支出します。仮に，現時点でいくら資金を所有しており，これから何にいくらの資金が必要になるかという収支計画を適時かつ適切に実施していない場合，資金が不足し，活動自体を休止せざるを得ない状況に陥るおそれがあります。また，活動に必要な資金をあらかじめ算出し，最適な方法を選択してそれを調達する必要があります。

この点について,「11　スポーツ団体の資金管理」で明らかにしていきます。

(4) スポーツ団体における損益管理

損益管理とは，簡潔にいうとどれだけ儲けを獲得できるかを管理することです。上述のとおり，スポーツ団体がスポーツ振興のために活動を継続して

いくためには，健全な運営が必要となります。毎年のように赤字を計上し，会員やスポンサーの追加出資に頼るようでは活動の継続は難しいですし，例えば公益法人がその制度上のメリットを享受しながら，収支相償の概念を無視して過大な収入を得れば，公益法人の認定自体が危ぶまれます。2020年の東京オリンピック・パラリンピックを目指して，今後，スポーツ団体の運営に対する社会的な注目度の高まりも予想されます。そうした中で，健全な運営を維持するために，損益管理の概念が以前にも増して重要性が増しているといえるでしょう。

　スポーツ団体における損益管理は，一体どのように行われるのか，この点について，「12　スポーツ団体の損益管理」で明らかにしていきます。

(5) スポーツ団体における情報開示制度

　スポーツ団体は，公益法人，一般法人，NPO法人とさまざまな形態を有しており，それぞれ異なった情報開示が法律上求められています。

　また，スポーツ団体は助成金による収入がありますが，助成金の申請や報告についても情報開示のルールが存在しています。

　これらの点について，「13　スポーツ団体の情報開示」で明らかにしていきます。

■参考文献

市川利夫（2001）『経理部の仕事がわかる』実業之日本社
楠亜紀子・杉田英樹・山口毅（1997）『小さな会社の総務・経理がすべてわかる本』成美堂出版
栗山俊弘（2011）『はじめての人の経理入門塾：まずはこの本から！』かんき出版

9 スポーツ団体の会計処理

ここでは，スポーツ団体が準拠すべき会計基準や代表的な会計処理について説明します。

▶ 1．会計基準

一般社団法人／一般財団法人では，適用する会計基準についての定めはなく，一般に公正妥当と認められる会計の基準その他の会計慣行によることが求められます。そこで，一般法人では，一般事業会社と同様に会社法・会社計算規則に従って作成することも可能ですし，公益法人のように，公益法人会計基準を適用することも可能です。ただし，作成が義務づけられている書類は，損益計算を基礎とした会計基準に基づいて作成するものとされており，1985（昭和60）年公益法人指導監督連絡会議決定により公表された会計基準（昭和60年基準）に基づいた，現金収支を基礎として作成された計算書類は認められないことに注意が必要です。（内閣府公益認定等委員会FAQ問Ⅵ-4-②）

一方，公益法人は，公益認定法第12条において「一般に公正妥当と認められる公益法人の会計の基準その他の公益法人の会計の慣行をしん酌しなければならない」と規定されています。これは特定の会計基準の適用を強制するものではありませんが，2008（平成20）年に公益法人会計基準（平成20年基準）（その後2009（平成21）年に一部改正）が，「公益法人会計に関する一般的，標準的な基準を示したものであり，公益法人会計の理論及び実務の進展に即して，今後，さらに改善を図っていこうとするもの」として内閣

府公益認定等委員会より発行されたことから，通常は当該基準に従います。なお，一般社団法人／一般財団法人と同様，上述の昭和60年基準に基づいた現金収支を基礎として作成された計算書類は認められません。（内閣府公益認定等委員会FAQ問Ⅵ-4-①）

最後にNPO法人ですが，NPO法の精神は「NPO法人の自立性を尊重し，自由で活発な市民活動を妨げぬよう，行政の関与を極力抑制する一方で，市民によるNPO法人の監視を可能にする情報公開制度を定める」とされており，情報公開を重視していることがわかります。情報公開の中でも重要な位置を占めるものとして会計を意識しており，そのことから行政主導ではなく民間主導としてNPO法人会計基準が制定されました。NPO法人会計基準は，2009（平成21）年に全国NPO支援センターによって結成された任意団体であるNPO法人会計基準協議会が2010（平成22）年に公表したものです。法的強制力のあるものではありませんが，NPO法人全体の信頼性向上のためこの基準に則った情報開示を行うことが望ましいとして，NPO法人会計基準による情報開示が推奨されています。

▶ 2．特徴的な収益項目と会計処理

収益については，公益法人会計基準にその会計処理が記載されています。そこで，以下では公益法人会計基準に基づいた会計処理を説明します。

（1）助成金の受け取り

助成金や補助金の受入れ時には，指定正味財産増減の部に計上することが原則です。事業の遂行時には一般正味財産増減の部の事業費に計上し，指定正味財産を同額だけ一般正味財産の部に振り替えることになります。ただし，実務上の煩雑さへの配慮から同一事業年度内に目的たる支出を行うことが予定されている場合には，最初から一般正味財産増減の部に記載することができるとされています。（公益法人会計基準に関する実務指針 Ⅱ.2）

また，一般正味財産増減の部に受取補助金等を記載する場合に，一部を事業収益項目として記載している実務も見受けられます。この点について基準上で明確な規定はありません。ただし公益法人会計基準（平成20年基準）の第2条第3項に「会計処理の原則及び手続き並びに財務諸表の表示方法は，毎事業年度これを継続して適用し，みだりに変更してはならない」と規定されており，事業収益項目として記載した補助金や助成金については毎期継続した方法で処理されることが望ましいと考えられます。

〈原則的な処理〉
当事業年度にA省より当年度事業費等に充当する目的で補助金を受け入れたときの仕訳

| 現金預金（B/S） | 1,000/ 受取国庫補助金（指定） | 1,000 |

事業費を支出したときの仕訳

| 事業費（一般） | 1,000/ 現金預金（B/S） | 1,000 |

指定正味財産増減の部から一般正味財産増減の部へ振り替える仕訳

| 一般正味財産への振替額（指定） 1,000/ 受取国庫補助金（一般） | 1,000 |

（公益法人会計基準に関する実務指針 Ⅱ.2）

〈最初から一般正味財産増減の部に記載する処理〉
当事業年度にB独立行政法人よりスポーツ振興補助金を受け入れたときの仕訳

| 現金預金(B/S) | 1,000/ 受取民間補助金（一般 経常） | 1,000 |

事業費を支出した場合

| 事業費（一般） | 1,000/ 現金預金（B/S） | 1,000 |

指定正味財産増減の部から一般正味財産増減の部へ振り替える仕訳

なし

（2）スポンサー収入

　スポンサー企業からの協賛金を受け取った場合には，事業収益として処理します。企業からは寄付を受けることもありますが，税務上協賛金と寄付金の違いは対価性の有無にあるといえます。協賛金は対価性すなわちスポンサーにとって，支払うことにより大会会場やパンフレットに企業名を表示することが可能になったり，チケットの配付があるものであるといえます。

　一方で寄付金はそのような対価性がありません。ただし公益法人会計基準（平成20年基準）の第2条第3項に「会計処理の原則及び手続き並びに財務諸表の表示方法は，毎事業年度これを継続して適用し，みだりに変更してはならない」と規定されており，受取寄付金として処理するか事業収益として処理するかは毎期どちらか統一した方法で処理されることが望ましいと考えられます。

〈受取寄付金として処理する方法〉
当事業年度にC株式会社より寄付金を受け取ったときの仕訳

現金預金（B/S）	1,000/ 受取寄付金（経常）	1,000

〈事業収益として処理する方法〉
当事業年度にC株式会社より広告協賛金を受け取ったときの仕訳

現金預金（B/S）	1,000/ 受取協賛金（事業収益　経常）	1,000

（3）ライセンス料

　大会への後援名義の使用や，ロゴマークのオフィシャルグッズへの使用な

どによってライセンス料を受け取った場合には事業収入として経常収益の部に記載されます。

| 現金預金（B/S） | 1,000/ 受取ライセンス料（事業収益 経常） 1,000 |

（4）会費収入

　団体の加盟者や登録者から登録料や年会費等を受け取った場合には受取入会金または受取会費として経常収益の部に記載されます。年会費等を受け取った場合には，会員種別ごとに経常することになります。
（当事業年度に正会員・特別会員・賛助会員からそれぞれ500，300，200の会費を受け取ったときの仕訳）

現金預金（B/S）	1,000/ 正会員受取会費（経常） 500
	特別会員受取会費（経常） 300
	賛助会員受取会費（経常） 200

（5）グッズ販売

　グッズや関連書籍等の販売による収入があった場合には，物品販売収益や出版物収益といった勘定科目を使用して経常収益の部に事業収益として記載します。
（当事業年度にグッズの販売による収入700および書籍の販売による収入300を受け取ったときの仕訳）

| 現金預金（B/S） | 1,000/ 物品販売収益（事業収益 経常） |
| | 出版物収益（事業収益 経常） 1,000 |

（6）プログラム販売

　大会プログラム等の販売収入があった場合には，事業収益として経常収益の部に記載することが考えられます。

現金預金（B/S）	1,000/プログラム売上収益(事業収益 経常)	1,000

（7）検定料／認定料収益

　各競技に使用される器具や競技場についてスポーツ団体が正式記録として認定するための規格を満たしているかを検定する際の検定料収益や認定料収益を受ける場合があります。このような場合にはその他事業収入として経常収益の部に記載することが考えられます。

現金預金（B/S）	1,000/競技場公認料収益(その他事業収益 経常)	
	器具検定料収益(その他事業収益 経常)	1,000

▶ 3．特徴的な費用項目と会計処理

　スポーツ団体で特徴的な費用項目として選手の移籍金と契約金があります。これらはともに選手を獲得するために生じるものですが、その性質、支払う相手先に違いがあることから会計処理は異なるものと考えられます。ここでは、実例をもとにその会計処理を考察します。

（1）選手移籍金

　選手移籍金は一般法人や公益法人ではあまり発生しないかもしれませんが、プロスポーツチームが、選手を他のチームから獲得する際に補償として支払われるものです。

　海外のサッカークラブの間では移籍金は「選手を登録する権利料」と考えるため、契約期間に亘ってチームの価値を高め、かつ、その価値が報酬金額として明確に把握できることから資産性があると判断し、貸借対照表に計上するとともに、契約期間に亘って均等償却を行っているようです。

　わが国においては明確な会計基準はありませんが、税務上の規定（法人税

法基本通達8-1-1）に倣い，契約期間に亘って均等償却，ないしは契約期間が定められていない場合には3年間の均等償却を行っているものと思われます。

なお，参考事例としては，Ｊリーグコンサドーレ札幌の例では移籍金の償却額は損益計算書の売上原価（＝事業費用）として計上されています。

(2) 選手契約金

選手契約金はプロスポーツチームやスポーツ団体と選手個人が契約を行う際に発生するものであり，国，地域によって差がありますが，海外のサッカークラブでは一括して費用処理する場合と契約期間に亘って償却する場合が多いようです。同じく選手個人に対して支払われるものとしては給料があり，給料は発生時に費用処理します。総支払額のうちどれだけが契約金となり，どれだけが給料となるかは契約内容次第であり，明確に区別しにくいことから，両者ともに一括費用処理を行っているものと考えられます。

一方で，契約金を，サインボーナスであり，契約期間に亘って支給する給料の前払いであると考えれば，貸借対照表に計上し契約期間に亘って均等償却することも考えられます。わが国においては明確な会計基準はありませんが，移籍金と同様に税務上の規定（法人税法基本通達8-1-1）に倣い，契約期間，ないしは契約期間が定められていない場合には3年間の均等償却を行うことが多いようです。

(3) 減損会計について

前述のように，移籍金，契約金ともに資産計上した場合に，資産性の有無が問題となります。選手の怪我など予測できないことが生じ，無事に契約を満了できないケースもあります。このような場合には貸借対照表に計上された資産（長期前払費用など）に価値が残っていない可能性もあります。もしも，実際の価値が貸借対照表に計上している金額よりも大きく下回っている場合には，差額について減損損失を計上する必要があります。

▶ 4. NPO法人に特有の会計処理

NPO法人会計基準には、「NPO法人に特有の取引等」という項目があり、現物寄付、ボランティアによる役務提供の取扱い、使途等の制約のある寄付等の取扱い等が定められています。

図表9-1　NPO法人に特有の取引等

取引等	NPO法人会計基準に定められている会計上の取扱い
現物寄付の取り扱い	24. 受贈等によって取得した資産の取得価額は、取得時における公正な評価額とする。
無償又は著しく低い価格で施設の提供等を受けた場合の取扱い	25. 無償又は著しく低い価格で活動の原価の算定に必要なボランティアによる役務の提供を受けた場合で、提供を受けた部分の金額を合理的に算定できる場合には、その内容を注記することができる。 なお、当該金額を外部資料等により客観的に把握できる場合には、注記に加えて活動計算書に計上することができる。
ボランティアによる役務提供の取扱い	26. 無償又は著しく低い価格で活動の原価の算定に必要なボランティアによる役務の提供を受けた場合で、提供を受けた部分の金額を合理的に算定できる場合には、その内容を注記することができる。 なお、当該金額を外部資料等により客観的に把握できる場合には、注記に加えて活動計算書に計上することができる。
使途等が制約された寄付金等の取扱い	27. 寄付等によって受入れた資産で、寄付者等の意思により当該受入資産の使途等について制約が課されている場合には、当該事業年度の収益として計上するとともに、その使途ごとに受入金額、減少額及び事業年度末の残高を注記する。
返還義務のある助成金、補助金等の未使用額の取扱い	28. 対象事業及び実施期間が定められ、未使用額の返済義務が規定されている助成金、補助金等について、実施期間の途中で事業年度末が到来した場合の未使用額は、当初の収益には計上せず、前受助成金等として処理しなければならない。
後払いの助成金、補助金等の取扱い	29. 対象事業及び実施期間が定められている助成金、補助金等のうち、実施期間満了後又は一定期間ごとに交付されるもので、事業年度末に未収の金額がある場合、対象事業の実施に伴って当期に計上した費用に対応する金額を、未収助成金等として計上する。
対象事業及び実施期間が定められている助成金、補助金等の注記	30. 対象事業及び実施期間が定められている助成金、補助金等で、当期に受取助成金又は受取補助金として活動計算書に計上したものは、使途等が制約された寄付金等に該当するので、その助成金や補助金等ごとに受入金額、減少額及び事業年度末の残高を注記する。

■参考文献

アルフレード・ガティス＆ホセ・マリア・ウック（2012）『なぜレアルとバルサだけが儲かるのか？サッカークラブ経営に魔法は存在しない』ベースボールマガジン社
NPO法人会計基準
コンサドーレ札幌「有価証券報告書」平成25年12月期

10 スポーツ団体の予算管理

▶ 1. 予算管理の意義

　予算とは，収入・支出の計画であり，特に組織運営においては団体の活動目標を明確にし，その活動を調整し，団体の総合的管理の中心としての役割を果たすものといえます。支出額の見込みが立たないと必要な収入額も判断できず，その逆もまた同様です。このため，団体の活動目的に合致し，かつ合理的で実現可能性の高い予算を策定し，収入・支出が計画通りに行われているかを定期的に管理する必要性は，一般事業会社と何ら異なる点はありません。

　一方で，公益法人として活動する団体は，毎事業年度開始の日の前日までに予算書を策定し，それを開示する義務が法律上定められており（法21条1項，27条），その内容も，収支相償や公益目的事業費率，遊休財産の保有額といった法律で求められている各種必要条件を満たしていなければなりません。また，一般法人の形態をとる団体であっても，非営利型法人として税制面での優遇を受けるためにはその非営利性や共益性を常に明らかにしておく必要がありますし，NPOの形態をとる団体も基本的には同様の制限があります。

　このように，一般事業会社は収益の極大化を目的として予算を策定されることが一般的であるのに対して，多くのスポーツ団体では収入と支出のバランスをとることが求められているのです。

▶ 2．予算の種類

（1）一般法人，NPO法人の場合

　予算の種類については一般法人，NPO法人も変わりなく，損益予算と資金予算に分けることができます。ただし後述の公益法人と異なり予算について開示は特段求められていません。

　また，様式については特に定められたものはありません。しかし，予算管理のためには，決算書と容易に比較できる形式であることが望ましいといえ，一般法人は公益法人会計基準，企業会計基準のいずれか，NPO法人はNPO法人会計基準に従って決算書が作成されることから，その決算書に準じた形で作成することが考えられます。

（2）公益法人の場合

　予算は，損益予算と資金予算の2つに分けることができます。公益法人では以下の①が損益予算，②③が資金予算に該当し，それぞれの概要は以下のとおりです。なお，①と②はそれぞれ作成および開示が義務づけられています。

①収支予算書

- 損益ベースで作成する。すなわち，資金を伴わない費用（減価償却費等）も含まれる。
- 経常収益，事業費，管理費，経常外収益，経常外費用に区分して記載する。
- 事業費は，公益目的事業に係るもの，収益事業等に係るものを区分して記載する。
- 経常外収益・費用は，公益目的事業に係る金額を明らかにする必要がある。

　収支予算書の様式については，特に定められていません。しかし，事業年

度終了後に提出する必要がある正味財産増減計算書と対応しているものであること，後述の予算管理の観点からも，正味財産増減計算書（適用指針様式2または様式5）に準拠して作成することが一般的と考えられます。

②資金調達および設備投資の見込みを記載した書類
　・資金調達の見込みについては，借入先，金額，使途を記載する。
　・設備投資の見込みには，取得だけではなく，除却，売却が含まれ，その内容，支出または収入の予定額，資金調達方法，または取得資金の使途を記載する。

　資金調達および設備投資の見込みを記載した書類にも特定の様式は定められていません。また，収支予算と異なり対応する計算書類もありません。このため，「定期提出書類の手引き」に記載された様式，もしくはそれに準じた形で作成されていることが開示例上多いようです。

③その他の予算
　②の資金調達および設備投資の見込みを記載した書類は記載項目が非常に限定されており，例えば借入金の返済や設備の取得，除売却以外の投資，退職給付に係る資産の積み立てや取崩し，退職金の支出といった情報は含まれていません。このため，②で対象となっている正味財産の増減も管理するためには，別途書類を作成する必要が出てきます。

　この書類は自主的に作成するものであることから，団体内のニーズに応じて色々な様式，例えば平成16年改正基準で作成が求められていた資金収支計算書に準じた様式，キャッシュ・フロー計算書に準じた様式等が考えられます。また，項目も必ずしもすべてを網羅する必要はなく，事務上の負担も考慮して，予算統制を行いたい科目のみに限定して作成することも考えられます。

▶ 3. 予算計画の策定

予算計画の策定にあたっては，(1) 予算編成方針の策定，(2) 事業別予算の策定，(3) 各事業予算の取りまとめ，内部取引の消去，共通収益・費用の配賦という流れをとります。ただし，必ずしも一方向に流れるものではなく，実務上は各フェーズを行ったり来たりしながら詳細を詰めていくことが一般的です。

(1) 予算編成方針の策定

まず，団体の定款，趣旨，活動目的等に従い決定された翌事業年度における事業計画に基づき，予算編成の基本的な考え方をまとめた予算編成方針を策定します。

事業会社では売上高や利益，すなわち収入面から方針が決まることが多いのに対し，公益，非営利活動が中心のスポーツ団体では利益の計上が目的ではなく，大会運営事業，選手強化事業や普及事業といった支出面から方針が決定されることが多い点が特徴的であるといえます。

(2) 事業別予算の策定

予算編成方針に従って，各事業や委員会，大会ごとに予算を策定していきます。前期，当期の実績や翌期の方針を参考に，可能な限り詳細に費用を積み上げていくことになります。

編成単位に直接紐付く収入（協賛金，補助金，入場料等）の見積りも行います。補助金は一般的に使途が特定されており，使用せずに余剰となった場合には減額されることになるため，注意が必要です。また，事業目的に合致しない事業は公益目的事業として認められず，法人会計として取り扱う必要があることから，予算の策定の際には留意が必要です。

なお，管理を適切に行うためにも予算は極力詳細に作成すべきですが，必ずしもすべての費用を一から積み上げる必要はなく，重要性の乏しい費目に

ついては「その他」として一括計上することも可能であると考えられます。ただし，スポーツ団体の運営者や報告等を行う対象の第三者に対し，その内容と根拠について説明できなくてはなりません。

(3) 各事業予算の取りまとめ，内部取引の消去，共通収益・費用の配賦

予算編成単位ごとの予算が完成したのち，それらを取りまとめて，会計間，事業間，グループ間の取引がある場合は消去するとともに，共通収益および共通費用の配賦を行います。

共通収益，共通費用をどのように配賦するかにより，公益目的比率，収支相償の判定が大きく変わってくることから，配賦基準の設定は重要です。この点，法律上は「適正な基準により」(施行規則第19条) としか記載されていませんが，「新たな公益法人制度への移行等に関するよくある質問 (FAQ)」に例があげられているため，参考にできます (図表10 − 1，10 − 2)。

図表 10 − 1 共通収益の配賦基準 (FAQ Ⅵ-2-④)

経常収益科目	配賦方法
寄付金収入	使途の定めにより配賦。なお，公益目的事業のみを実施する法人は，一部を合理的な範囲で管理費の不足相当分に配賦することができる。
補助金収入	使途の定めにより配賦。
会費収入	使途を定めた場合は使途の定めにより配賦。 使途の定めのないものは 50% を公益目的事業に配賦。
財産運用益	資産の区分方法に従う。
公益目的事業対価収入	公益目的事業を実施する法人は，一部を合理的な範囲で管理費の不足相当分に配賦することができる。

図表10－2　共通費用の配賦基準 (FAQ Ⅴ-3-②)

配賦基準	適用される共通費用
建物面積比	地代，家賃，建物減価償却費，建物保険料等
職員数比	福利厚生費，事務用消耗品費等
従事割合	給与，賞与，賃金，退職金，理事報酬等
使用割合	備品減価償却費，コンピューターリース代等

　なお，共通費用の配賦基準については，これ以外に適当と判断した基準があればそれを採用しても構わないものとされています（FAQ Ⅴ-3-②）。

▶ 4. 予実分析

　予算はさまざまな仮定に基づき見積もられた数字を積み上げたものであるため，実績との間には必ず差異が生じます。またその要因も，運営の不備のような管理可能なものから，社会全体の景気動向のような管理不能なものまでさまざまです。一方で，例えば収入が想定を大幅に下回った，支出が想定を大幅に上回ったというような事態が生じた場合，何らかの対策をとらないと，事業活動そのものを継続できなくなってしまう状況にもなりかねません。このため，スポーツ団体においても予算と実績の比較は必ず行うべきものとして位置づけられます。

　また，事業活動の管理手法としてPDCAサイクルというものがあります。計画し（Plan），実行し（Do），分析・評価を行い（Check），対策・改善する（Action）という4つのステップを繰り返しながら管理の精度を上げていくという考え方に基づくものですが，この手法を予算管理にも当てはめると，「予算を策定し」，「実績を記録し」，「予算と実績を比較してなぜ差異が発生したのかを分析し」，「対応策を検討し実行する」ことになります。PDCAサイクルはP→D→C→A→P→・・・とつながっていく連続的なプロセスですが，予算管理を通じて発見された問題点や課題を対応策に反映させ，精度の高い次期予算につなげていくことができれば，より健全な組織の運営が可能になるのです。

予実分析を含め，予算管理にはさまざまな手法がありますが，一般的なポイントをまとめたのが，図表10－3です。

図表10－3　予算管理の一般的なポイント

予算管理の前提	予算管理を適切に行うためには，「予算策定時に想定した科目に収入，費用が計上されていること」が大前提となります。このため，予算上と事業遂行上の勘定科目や配賦基準の統一，マニュアル化とその運用の徹底が非常に重要となります。
実施のタイミング	原因を早期に発見し，対策を決めるという観点から，ある程度頻繁に実施することが望ましいといえます。事業ごとに予算消化の進捗が異なるため一概には言い切れませんが，例えば大会運営事業や普及活動事業であれば，大会またはイベントの準備期間中や終了時点，委員会等であれば月次や四半期ごとといったタイミングが考えられます。
原因の把握	差異発生の原因は1つとは限らず，むしろ複数の要因が絡み合っていることが一般的です。対応策の適切性を高めるためにも，さまざまな視点から慎重に分析を行う必要があります。
分析の細分化	原因把握を容易にするためには，事業単位，科目単位でなるべく細かく分析する方が望ましいといえます。また，何を以て異常値と捉えるかといった点については，例えば「○○百万円(もしくは○○%)超の差異が出た場合，詳細に分析を行う」といったルールを策定し運用することが考えられます。
誰が対応するか	対応策には，個人で対応すべきものから，組織全体で対応すべきものまでさまざまなレベルのものがあります。これらを適切に見極め，しかるべき対応者を決定することは効率性と実現可能性を高めるために重要となります。

11 スポーツ団体の資金管理

▶ 1．資金管理の重要性

　公益法人においては，従来は会計基準で作成が求められていた収支予算書および収支計算書は現金主義会計をベースに作成されていましたが，現行の会計基準において現金主義による作成は義務づけられていません。これは，従来は現金主義を中心とした考え方に基づき作成されていた財務諸表を，一般の企業と同じく発生主義に基づく財務諸表（貸借対照表，正味財産増減計算書およびキャッシュ・フロー計算書）へ変更したことによります。なお，キャッシュ・フロー計算書は大規模公益法人（収益の額，費用および損失の額が1,000億円以上または負債の額が50億円以上で会計監査人の設置を義務づけられている公益法人）についてのみ作成が義務づけられています。

　また，一般法人においては「一般に公正妥当と認められる会計慣行に従うものとする」（一般社団法人及び一般財団法人に関する法律第119条，199条）とされており，公益法人会計基準を採用する場合には上記の財務諸表の作成が必要となります。

　しかし，現金主義による収支予算書等が法定の作成書類ではなくなったものの，収支予算書および収支計算書は依然として組織の運営・管理上で重要であることには変わりはありません。そこで，「公益法人会計基準の改正等について」（2004（平成16）年6月14日　公益法人等の指導監督等に関する関係省庁連絡会議申合せ）において，引き続き収支予算書は作成，保存が求められることになりました。なお，発生主義に基づき正味財産増減計算書を作成するようになったため，収支予算書も同様に発生主義会計に基づき

作成されることになりました。

　ところが，決算日時点で正味財産が確保されていたとしても，法人内に運営資金（キャッシュ）が存在しない場合も考えられます。資金は組織全体を流れる血液に例えられることがあり，法人運営に必要な資金が回らなくなると活動を継続することができなくなります。一般事業会社でいうところの「黒字倒産」です。

　そこで，継続して組織の運営を可能とするためには，将来の収入と支出を把握する資金収支計画を行う必要があります。

　資金収支計画を作成することで主に以下の2点が可能になります。

(1) 適切な意思決定が可能になる

　資金収支計画を作成することで，まず，どれだけの資金が必要かを把握できます。組織，活動を維持するためには支出が必要ですが，一般的には収支は逼迫しており，現状で保有している資金に加え，不足分については追加で資金調達を行う必要があります。ここで，資金調達がうまくいくようであれば計画どおりに組織の運営，活動を行えますが，十分な資金調達ができないようであれば活動計画を見直さざるを得ません。このように，資金収支計画を作成することで，身の丈にあった組織運営ができるような意思決定が可能になります。

(2) 原因分析が可能になる

　資金収支計画と収支実績を比較することで計画と実績で乖離が生じていることが明らかになり，原因究明を行うきっかけとなります。また，調査結果をフィードバックすることで，より適正な計画立案が可能になるとともに，支出の妥当性を判断する根拠になります。また，収入と支出のタイムラグが原因である場合には相手先との入金，支払条件といった取引条件の見直しに資する場合もあります。

▶ 2．資金収支計画の作成方法

　資金収支計画は管理レベルをどの程度の水準にするかにより対象となる収支の範囲が異なります。比較的に規模が小さく，組織全体としての収支計画を行うのみで足りる場合には，単一の収支計画を作成すれば済むことも考えられます。
　一方で，多様な組織活動を営んでおり，それぞれの活動ごとに収支計画を立案する必要がある場合も考えられます。
　その場合には，それぞれの活動ごとに収支計画を作成し，それらを合算した組織全体の資金収支計画を作成することになります。資金収支管理表に定型のフォーマットはありません。一般的には①経常的な資金収支と経常的ではない収支とに区分する方法，②大会やイベント等の団体の主要な活動単位ごとに作成する方法，③主要な活動，各種委員会活動，団体の管理・運営に要する業務等の活動内容ごとに区分する方法が多いようです。図表11 − 1,11 − 2,11 − 3は収支計画の例示です。
　より正確な計画を作成するためには入金，支払の時期をすべて漏れなく把握する必要があります。契約書や過去の実績等の情報を収集し，正確な入出金のタイミングを把握することで可能になります。情報を収集するには以下のような管理表を作成しておくと便利でしょう。

・収入予定表
・仕入予定表
・在庫（貯蔵品）管理表
・経費管理表
・人件費管理表
・借入金返済予定表

　当面の支払に備えるための管理表としては1〜3ヵ月程度を集計期間とした資金収支表の作成が必要となります。また，1年間の活動に伴う資金収支

を把握するためには1年を集計期間とした資金収支表の作成が必要となります。また、長期に亘る資金過需要を把握するために3～5年程度の中長期に亘る資金計画を作成する必要があります。

　ただし、計画はあくまで見込であり、収支計画を作成するだけでは十分ではありません。計画と実績と比較することで、上述のような適切な組織活動が可能になります。

図表11－1　全社ベースの資金管理表の例

(単位　　千円)

日付	摘要	相手先	区分	入金予定	支払予定	残高
4/1	前月繰越					100,000
4/5	スポンサー料 (4月～9月分)	○○電気㈱		10,000		
4/15	助成金	○○協会		5,000		
4/17	商品仕入代金				500	
4/20	会場利用料前払				3,000	
4/25	選手給料	社内			2,000	
4/30	職員人件費	社内			500	109,000
4月計				15,000	6,000	109,000
5/1						
︰						

図表11－2　資金収支表の例

単位：千円

	前期繰越	4月	5月	6月	7月	8月	9月	10月	11月	12月	1月	2月	3月	合計	次期繰越
収入															
事業活動収入															
〇〇大会収入								100						100	
××大会収入				50	50									100	
スポンサー収入		200			200			200			200			800	
補助金収入		50	50	50	50	50	50	50	50	50	50	50	50	600	
投資活動収入															
固定資産売却											200			200	
財務活動収入															
借入金収入		100												100	
その他収入		5	5	5	5	5	5	5	5	5	5	5	5	60	
収入合計		355	55	105	305	55	55	355	55	55	455	55	55	1,960	
支出															
事業活動支出															
〇〇大会支出		-30	-10	-30	-20									-90	
××大会支出															
その他人件費支出		-20	-20	-20	-20	-20	-20	-20	-20	-20	-20	-20	-20	-240	
負担金支出		-20	-20	-20	-20	-20	-20	-20	-20	-20	-20	-20	-20	-240	
経費支出		-50	-50	-50	-50	-50	-50	-50	-50	-50	-50	-50	-50	-600	
投資活動支出															
固定資産取得支出										-400				-400	
財務活動支出														0	
借入金返済支出		-100												-100	
その他支出		-3	-3	-3	-3	-3	-3	-3	-3	-3	-3	-3	-3	-36	
支出合計		-193	-93	-93	-93	-93	-93	-93	-93	-493	-93	-93	-93	-1,616	
当月収支差額	100	162	-38	12	212	-38	-38	262	-38	-438	362	-38	-38	344	444

第Ⅲ部 スポーツ団体の経理

図表11-3 大会資金収支

単位 千円

	4月	5月	6月	7月	8月	9月	10月	11月	12月	1月	2月	3月	合計
入場料収入				30									30
スポンサー収入			50										50
商品販売収入				20									20
収入合計	0	0	50	50									100
会場使用料支出	▲20			▲20									▲20
選手招待料支出	▲10	▲10	▲10										▲20
宣伝費支出		▲10	▲20										▲30
商品仕入代支出			▲30	▲20									▲20
支出合計	▲30	▲10	▲30	30									▲90
収支差額	▲30	▲10	20	30									10

▶ 3．資金調達方法

　スポーツ団体は活動に必要な資金を確保しなければなりません。ここではスポーツ団体の主な資金源について「公益法人会計基準」の運用指針の12「財務諸表の科目」に沿って説明します。これらは「⑨その他」を除き，正味財産増減計算書に経常収益として計上されます。

①特定資産運用益基本財産

　特定資産運用益基本財産とは，「公益目的事業を行うために不可欠な特定の財産」（認定法第5条第16号）として「定款に定められた」（一般社団・財団法人法第172条第2項）資産を指します。具体的には預金，有価証券，土地，建物等であり，これらを運用した場合の受取利息，受取賃料等が基本財産運用益にあたります。また，基本財産として定款に記載された資産からの利息や賃料はそのほかの財産からの利息や賃料とは区別する必要があり，基本財産以外の資産からの利息や賃料は⑧の雑収入に計上されます。

　特定資産とは，「将来の特定の活動の実施のために特別に支出する費用に係る支出に充てるために保有する資金」（認定法施行規則第18条第1項）等を指します。具体的には競技場や事務所の改修のための積立資金や金融資産，退職給付引当預金などがあります。これらを運用した場合の受取利息，受取賃料等が特定資産運用益にあたります。

②受取入会金

　団体へ加盟する際に必要となる入会金や登録料がこれにあたります。

③受取会費

　団体の登録者に対する年会費等がこれにあたります。「運用指針」では正会員・特別会員・賛助会員受取会費といった会員ごとの区別が例示されています。

④事業収益

多くのスポーツ団体において，この事業収益に分類される収益が最も大きな資金源となっています。スポンサー企業からの協賛金，大会での入場料，放映権料，出版物やグッズの売上，スクールの授業料等が該当します。中でも企業からの協賛金は収入全体の大半を占めることもあります。ただし協賛金はスポンサー企業の経営状況等により，金額の増減や撤退といった事態が起こることもあるため，資金源がスポンサー企業からの協賛金に過度に依存している場合には資金調達が不安定になるという側面もあります。

⑤受取補助金

国，地方公共団体，民間からの各種国庫補助金，スポーツ振興補助金，選手強化補助金や助成金がこれにあたります。「運用指針」では受取国庫補助金，受取地方公共団体補助金，受取民間補助金，受取国庫助成金，受取地方公共団体助成金，受取民間助成金が例示されています。

⑥受取負担金

公益法人の事業の受益者から費用の一部もしくは全部負担を受けた際の受取額がこれにあたります。

⑦受取寄付金

個人もしくは団体からの寄付や募金がこれにあたります。「運用指針」では受取寄付金，募金収益が例示されています。一部のスポーツ団体では，一般のファンなどから寄付を募り選手強化費等に充てる「ファンドレイジング」と呼ばれる資金調達方法に取り組んでおり，新しい形の資金調達方法として注目を集めています。

⑧雑収益

売買目的で保有している有価証券が存在する場合の運用益や受取利息がこ

れにあたります。

⑨その他

　資金調達方法とは少し異なりますが，VIK（Value in kind）と呼ばれる協賛方法があります。これは企業等に現金の代わりに物品やサービスを提供してもらう支援の形です。VIK は帳簿には記載されませんが，その例としては飲料会社からのスポーツドリンクの提供，スポーツメーカーからのユニフォームや備品の提供等があげられます。VIK は大きなスポーツイベントでは，会場整理や運搬，システム整備といったサービス提供を受けることも考えられ，地域との密接なかかわりを生み出す上でも効果のある方法であると考えられます。

　スポーツ団体において安定的な資金調達を行うことは，組織運営のため非常に重要であることは言うまでもありませんが，現状ではスポンサー企業からの協賛金への依存度が高い場合もあり，必ずしも安定的とは言い切れない部分があります。プロスポーツの団体では，株式会社としての法人格をもち，株式公開による市場からの大規模な資金調達を行っているところもあります。また，地域社会と密接な関係を築き，VIK やファンドレイジングといった形で地域からの支援を獲得しようと取り組んでいる団体もあります。スポンサー企業からの協賛金など特定の財源に過度に依存しないようにするためには，ファンや地域社会を含めて幅広い支援が受けられるように，スポーツ団体の存在意義を見直す必要があるのかもしれません。

▶ 4. ファンドレイジング

　ファンドレイジングとは民間の非営利団体が，政府・自治体，個人，法人，団体等，広く一般から資金を調達する方法のことを指します。ファンドレイジングは対象とする拠出者が広いことからさまざまな方法がありますが，使

図表11-4 ファンドレイジングの手法

区分	調達方法
一般に使途を制限されている調達方法	●国・自治体等からの補助金・助成金 ●加盟する上部団体等からの補助金 ●スポーツ振興補助金（TOTO）
募集時に使途を制限したり，受領時に使途を制限されていることがある調達方法	●WEB上での募金による収入 ●個人・法人からの寄付金 ●寄付金セット商品の販売 ●クレジットカード等のポイントの寄付 ●NPO私募債の起債（＊）
一般に使途の制限を受けない調達方法	●スポンサー収入 ●テレビ放映権料収入 ●商品販売料収入 ●大会入場料収入 ●競技団体からの受取会費 ●個人からの会費収入 ●スポーツクラブ・スポーツ教室収入 ●街頭募金・募金箱 ●自治体等からの業務委託料収入 ●借入金 ●基金の拠出（＊）

（＊）社団法人，公益法人は私募債を起債することはできませんが，基金の拠出を受けることができます。

途があらかじめ決められている場合もあります（図表11-4）。

以下では，そのうちのいくつか特徴的なものを抜粋して説明します。

(1) WEB上での募金による収入

　WEB上での募金による収入では，団体自らのホームページ上で募金を行う他に，クラウドファンディングによる方法があります。クラウドファンディングとはWEB上で不特定多数の個人，団体から支援者を募り資金を集める方法をいいます。支援者には見返りのない場合もありますし，イベントのチケットやサイン入りグッズ等の見返りがある場合もあります。

　クラウドファンディングでは「Japan Giving」や「JustOne」といったファ

ンドレイジングサイトが有名ですが，スポーツに特化したものとしては以下のようなものがあります。
　・ALLEZ! japan
　・Sportie FUND
　・MotionGallely
　これらはいずれもWEB上でクレジットカード決済を行うことができるために利便性が高くなっています。

(2) クレジットカード等のポイントの寄付

　クレジットカード，ポイントカードの利用やネットショッピングによって貯まったポイントを自らのために利用するのではなく，特定の団体に寄付することが可能です。WEBと組み合わせることによって広く資金を募ることが可能になるかもしれません。

(3) 寄付金セット商品の販売

　特定の団体，個人を支援するためにスポンサー企業が特別支援商品を販売し，売上高を寄付として受取る方法です。団体や個人はグッズの提供やお礼のカード等の提供を行うことが多いようです。
　この方法のメリットは，単なる寄付の場合にはスポンサー（企業）にスポットライトはあまり当たりませんが，商品販売を伴うことで支援活動の全容を周知させることができます。また，ファンの共感を得ることで商品販売が成功し，商品の知名度が向上します。

(4) 疑似私募債の起債

　擬似私募債とは，「社債の少人数私募債に準じた形で発行するもので，利息制限法・出資の受入れ，預り金及び金利等の取締りに関する法律等の関係法令及び各種業法をクリアした民法上の証拠証券，すなわち，金銭消費貸借契約の証書であり，NPO法人等も発行することができるもの」（内閣府

NPO ホームページ）のことをいいます。

　出資者を NPO 法人の関係者等，少数の特定の法人，個人に限定することで，公募債を発行する時のような面倒な手続，コストを避けることができます。

　また，特定の関係者に対して起債するので，金融機関から融資を受ける際のように担保を提供する必要がありません。

■参考文献

西野努・藤原兼蔵・三浦太（2014）『プロスポーツ・ビジネス羅針盤：マンチェスター・ユナイテッドほか世界に学ぶ』税務経理協会

12
スポーツ団体の損益管理

▶ 1. 損益概念の導入

　従来スポーツ団体では，現金主義が主流でした。例えば，財団法人は従来は収支計算書および正味財産増減計算書の作成が求められ，正味財産増減計算書は原則として，収支計算書から導き出される当期収支差額を基礎として各年度の正味財産の増加減少を記載していく方法（ストック式）で作成していました。しかし，2004（平成16）年の公益法人会計基準改正以降，従来の資金収支計算を中心とする体系が見直され，正味財産増減計算書の様式について，「当期正味財産増減額を増加原因及び減少原因に分けてその両者を総額で示す様式（フロー式）に統一するとともに，正味財産の増加原因を収益とし，減少原因を費用として表示する」こととされ，損益概念の導入が明示されるとともに，収支計算書は会計基準の範囲外とされました。

　現在では，法令上作成が必要な書類や公益認定基準のうち財務関係の基準は損益計算をベースとしており，現金収支ベースで作成する正味財産増減計算書は，法律で求められている書類とはみなされないと考えられています。

　公益法人会計基準は公益法人のみならず，一般社団法人，一般財団法人，任意団体等でも採用可能な会計基準となっており，スポーツ団体においても公益法人会計基準を採用しているケースが多く，多くのスポーツ団体で損益概念が導入されていると考えられます。

　また，NPO法人については，従来は統一された会計基準が存在しておらず，特定非営利活動促進法の規定に基づき収支計算書を作成していました。その後，NPO法人会計基準が2010（平成22）年7月20日に公表され，これに

あわせて特定非営利活動促進法の改正が行われました（2012（平成24）年4月1日施行）。NPO法人会計基準では従来の資金収支計算を中心とする体系を見直し、収支計算書に替えて活動計算書を導入し、第9項において、「当該事業年度に発生した収益、費用及び損失を計上することにより、NPO法人のすべての正味財産の増減の状況を明瞭に表示し、NPO法人の活動の状況を表すものでなければならない」と規定することにより、損益概念の導入が明示されました。

NPO法人会計基準の採用はNPO法人の任意であり、強制されるものではありません。また、改正後の特定非営利活動促進法第6条において、経過措置として、当分の間は収支計算書の作成が認められている旨規定されています。しかし、NPO法人の活動実態を把握し、NPO支援者の信頼と支援を得ていくためには、収支計算書から活動計算書へ早期に移行することが望ましいといえます。

▶ 2. 損益概念の予算

(1) 一般法人

一般社団法人／一般財団法人に適用される法律については、損益概念に基づく予算を作成すべき旨の規定はありません。しかし、多数の利害関係者が存在する一般社団法人／一般財団法人では、円滑な事業遂行のため、事前に計画を策定の上、損益概念に基づく予算を作成することが望ましいと考えられます。この場合、正味財産増減計算書ベースでの収支予算書について、定款において理事会若しくは社員総会、評議員会の決議により承認することを定めた上で、公益法人に準じた取扱いを行うことが考えられます。

収支予算書の作成にあたっては、経常的な項目については前年度実績等をベースとし、翌年度のスポーツイベントの実施予定等、個別の事情を勘案するとともに、非経常的な項目については新規に見積ることにより策定するのが一般的です。また、収支予算書の様式は、適切な予実分析を実施する観点

から，正味財産増減計算書と比較可能とするため，「経常収益」，「経常費用（事業費，管理費）」，「経常外収益」，「経常外費用」に区分するのが望ましいといえます。

「経常収益」のうち，基本財産運用益，特定資産運用益，受取補助金等については過去実績等を参考にある程度正確な予測が可能ですし，受取入会金，受取会費についても1人当たり年会費，目標会員数により見積ることが可能です。

事業収益，受取負担金や受取寄付金については，実施予定のイベント等の事業計画を策定の上，過去実績を勘案し，適切に見積ることが必要となります。

「経常費用」についても，過去実績や当期のイベント等の実施予定や設備投資計画等を勘案し，適切に見積ることが必要となります。

「経常外収益」，「経常外費用」については臨時的項目や過年度修正項目等であり，適切な見積りが難しい項目ですが，例えば固定資産の売却を予定している場合等，発生が見込まれる損益については収支予算書に記載する必要があります。

このように，損益予算を策定の上，計画的に事業活動を遂行することで，定款規定の目的事業の円滑な進行が可能となります。

(2) 公益法人

損益概念に基づく予算としての収支予算書については，現在の公益法人会計基準上は財務諸表等の範囲外とされています。ただし，公益法人については，公益法人認定法において収支予算書の作成および保存が義務づけられており，毎期作成することが必要です（公益法人認定法第21条1項）。収支予算書は，公益法人認定法が適用される前は資金収支計算書をベースとしていましたが，損益概念の導入に伴い取扱いが変更され，現在は正味財産増減計算書をベースにした収支予算書の作成が求められています。

ここで留意しなければならないのは，名称こそ「収支予算書」となってい

ますが，その内容は正味財産増減計算書ベースでの予算，すなわち損益概念に基づく予算となっていることです。収支予算書の様式については特に定めはありませんが，資金収支ベースではなく，損益ベースでかつ事業別に区分された収支予算数値が記載されている必要があります（公益法人認定法施行規則第30条）。

公益法人の収支予算書の作成方法は，基本的には一般法人と同様です。ただし，公益法人の場合には，公益認定の基準として，以下の財務基準があるため，当該基準を満たす計画となっていることを確認することが特に重要となります。

①収支相償（公益法人認定法第5条第6号，第14条）

公益目的事業は不特定多数の者の利益の増進に寄与するものであることから，受益者の拡大等を通じて収入は適正な費用を超えないようにする必要があります。そのため，公益目的事業について，「当該公益目的事業に係る収入がその実施に要する適正な費用を償う額を超えないと見込まれるものであること」が求められます。収支相償の判定は，公益目的事業ごと，公益法人全体の二段階で行われます。この判定には一部収支計算の考え方が含まれており，また，特定費用準備資金や資産取得資金など，損益でも収支でもない積立資金を考慮した上で判定することとなりますが，基本的には損益計算をベースとしています。そのため，収支予算書の策定にあたっては，期末において収支相償の判定要件を充足することができる計画とするため，公益目的事業と収益事業を区分することが望ましいといえます。

②公益目的事業比率（公益法人認定法第5条第8号，第15条）

公益法人は公益目的事業を行うことを主たる目的としなければなりませんが，この判定は，「公益目的事業比率が百分の五十以上かどうか」によりなされます。公益目的事業比率は，公益目的事業費÷（公益目的事業費＋収益事業等の費用＋管理費）という算式により計算されます。

各費用の計算については，一部みなし費用の算入が認められているものの，基本的には損益計算をベースとしています。そのため，収支予算書の策定にあたっては，期末において公益目的事業比率の判定要件を充足できる計画とするため，公益目的事業と収益事業を区分するとともに，事業費と管理費の区分や配賦計算を適切に考慮しておくことが望ましいといえます。

③遊休財産額保有制限（公益法人認定法第5条第9号，第16条）

　公益法人の毎事業年度末における遊休財産額は，当該事業年度の公益目的事業費相当額を超えてはなりません。これは，仮に法人の収入源が途絶えた場合においても1年程度は公益目的事業が実施できるよう，特段の使途の定めがない財産を保有することを認めたものです。この遊休財産額とは，公益目的事業に限らず，公益目的事業以外のその他の必要な活動に使うことが具体的に定まっていない財産を指し，具体的な計算方法は，「純資産－控除対象財産（法人の財産の中で目的，用途が具体的に定まっている財産）」となります。そのため，収支予算書の策定にあたっては，期末において遊休財産額保有制限の判定要件を充足できる計画とするため，公益目的事業費の予算額を把握し，遊休財産額との比較を実施しておくことが望ましいといえます。

　収支予算書が確定したら，予算理事会を招集し，理事会の承認を受ける必要があります。理事会の招集は，理事および監事の全員の同意がある場合を除き，理事会の日の1週間前までに行うことが必要です。また，定款に決議事項である旨を定めた場合には，理事会承認後に社員総会もしくは評議員会の承認を受ける必要があります。社員総会もしくは評議員会の招集は，社員若しくは評議員全員の同意がある場合を除き，社員総会もしくは評議員会の1週間前までに行うことが必要です。

　さらに，公益法人は毎事業年度開始の日の前日までに当該事業年度の収支予算書を作成の上，行政庁への提出および事務所への備置きが必要であると規定されています（公益法人認定法第21条，公益法人認定法施行規則第27

条)。また，収支予算書を行政庁へ提出するに際しては，理事会（社員総会または評議員会の承認を受けた場合にあっては，当該社員総会または評議員会）の承認を受けたことを証する書類をあわせて添付することとされています（公益法人認定法施行規則第37条）。

(3) NPO法人

NPO法人の損益概念に基づく予算として，活動予算書があります。活動予算書については基本的に内部管理用の資料であるためNPO法人会計基準には規定がありませんが，法人の設立認証申請時および，活動の種類と事業の種類に関する定款変更時には所轄官庁に提出する必要があります（特定非営利活動促進法第10条，第25条）。

上記以外の場合にも，NPO法人が任意に作成することは可能であり，その場合には所轄庁に提出する必要はありません。予算は内部的な管理のためのものであり，予算に縛られるあまりNPO法人の機動的な活動が阻害されないようにする必要がありますが，一定規模以上のスポーツ団体になると事業活動にも計画性が求められるため，損益概念による予算の策定は有用であるといえます。

なお，活動予算書と活動計算書の様式が異なると混乱を生じることから，活動計算書と整合的な様式で作成するのが一般的です。

NPO法人の活動予算書は，前年度の活動計算書をベースとし，次年度の予測を加えて作成するのが一般的です。活動予算書の様式は，活動計算書と同様，「経常収益の部」と「経常費用の部」，「経常外収益の部」および「経常外費用の部」に分けるのが一般的です。

経常収益の部では，例えば受取会費や寄付金，助成金などの収益項目を予測します。受取会費については1人当たり年会費と目標会員数により見積ることが可能です。ただし，事業計画を適切に遂行するためには，収益予測はある程度根拠があり，実現可能性が高い項目に限定する必要があります。

経常費用の部では，例えば支払家賃，人件費等，ある程度確実に予測でき

る項目があります。また，印刷費，郵送費なども，配布物の発行頻度，発行部数等に応じてある程度予測可能です。

　経常外収益の部，経常外費用の部については，NPO法人の通常の活動以外から生じるものであり，例えば固定資産の売却を予定している場合等が該当します。

　活動予算書を策定する際には，スポーツ団体の本体の目的と活動の優先順位を明確化した上で費用予算を確定し，損益の状況次第で事業を縮小するかファンドレイジングのような収益計画を再度検討する等，事業計画を見直すことにより，予算を目的達成のために利用することが有用であるといえます。

■参考文献

公益法人等の指導監督等に関する関係省庁連絡会議申合せ（2004）「公益法人会計基準の改正等について」。
公益財団法人公益法人協会（2012）「公益法人・一般法人の会計実務」。
久保直生（2014）「新公益法人の会計・税務」
一般財団法人大蔵財務協会（2013）「公益法人・一般法人のQ&A　移行後の運営・会計・税務」。
NPO法人会計基準協議会（2010）「NPO法人会計基準策定プロジェクト　最終報告」。
松原明・水口剛・赤塚和俊・岡田純（2012）「改正NPO法対応　ここからはじめるNPO会計・税務」。

13 スポーツ団体の情報開示

▶ 1. 情報開示の必要性

　スポーツ団体の情報開示と一言でいっても，その内容はさまざまです。スポーツ団体にはさまざまな組織形態が存在しますが，各組織形態はその拠り所とする法律，規則に基づき事業報告や計算書類等の作成，開示を求められます（図表13－1）。

　法律による開示以外にも，補助金や助成金の交付を受ける団体は，申請手続きとして交付元に対し当該補助金や助成金を用いた活動計画や収支予算書を提出し，交付を受けて活動を行った後には活動実績の報告を求められます。

　また，スポーツ団体が競技連盟等に属している場合には，当該連盟に対して事業報告を行う必要がある場合があります。

　さらに，公益法人等法律で必須とされている団体形態もありますが，そうでない団体であっても自主的にホームページ等で情報開示を行う場合もあります。これは，広く一般に対し情報開示を行うことで団体の透明性をアピールし，また広告宣伝の目的で行うこともあるでしょう。

図表13－1　情報開示の種類と例

情報開示	情報開示例
① 法律による情報開示	計算書類　等
② 助成金・補助金交付のための報告	実績報告書　等
③ 登録している競技団体等への報告	Ｊクラブ経営情報開示　等
④ 自主的な情報公開	スポーツ支援活動報告　等

▶ 2. 法律による情報開示

(1) 株式会社

　株式会社はプロスポーツの団体で一番多く採用されている形態ですので，本書では簡単な説明にとどめます。

　図表13-2で示すとおり，すべての株式会社は各事業年度に係る計算書類（貸借対照表，損益計算書，株主資本等変動計算書および個別注記表）および事業報告ならびに付属明細書を作成しなくてはなりません（会社法第435条3項，会社計算規則第59条）。計算書類等は株主へ提出・提供され，定時株主総会終結後遅滞なく，貸借対照表（大会社は貸借対照表および損益計算書）を公告しなくてはなりません（会社法第437条，438条，440条）。これらは一般に公正妥当と認められる企業会計の慣行に従って作成されます（会社法第431条）。

　上記以外に，金融商品取引法の適用となる公開会社等は有価証券報告書の提出が必要となります。有価証券報告書は会社についての定性的情報の他，「経理の状況」として貸借対照表，損益計算書，包括利益計算書，株主資本等変動計算書，キャッシュ・フロー計算書，付属明細表により，また各種注記として定量的情報を提供します。これらは投資家が投資判断を行うに足りる情報を提供するためです。

図表13-2　株式会社に求められる計算書類等（会社法）

計算書類	貸借対照表
	損益計算書
	株主資本等変動計算書
	個別注記表
事業報告	
付属明細書	

(2) 一般社団法人／一般財団法人

図表13－3で示すとおり，一般社団法人／一般財団法人は計算書類（貸借対照表および損益計算書）および事業報告ならびに付属明細書を作成する必要があります（法人法第123条）。また，正味財産増減計算書は損益計算書とみなされることとされています。いずれも現金収支ベースではなく一般に公正妥当と認められる会計慣行である収益・費用概念を導入した様式で作成された計算書類を社員に提出・提供し，定時社員総会終結後遅滞なく，貸借対照表（大規模一般社団法人は貸借対照表および損益計算書）を公告しなくてはなりません（法人法125条，126条，128条）。

なお，一般社団法人／一般財団法人は法律上，予算の作成は求められていません。

経済団体連絡会から「一般社団・財団法人法施行規則による一般社団法人の各種書類のひな型」が公表されていますので，事業報告等を作成の際には参考とされるとよいでしょう。

図表13－3　一般社団法人／一般財団法人が求められる計算書類等

「公益法人会計」を採用した場合		「企業会計」を採用した場合	
財務書類	貸借対照表	計算書類	貸借対照表
	損益計算書 （正味財産増減計算書）		損益計算書
	（キャッシュ・フロー計算書）		－
事業報告		事業報告	
付属明細書		付属明細書	

■記載例

貸借対照表
(○年○月○日現在)

(単位：百万円)

科目	金額	科目	金額
(資産の部)		(負債の部)	
流動資産	×××	流動負債	×××
現金及び預金	×××	支払手形	×××
受取手形	×××	買掛金	
・・・			
固定資産		固定負債	
	×××		×××
		負債合計	×××
無形固定資産	×××	(純資産の部)	
	×××	基金	×××
投資その他の資産		代替基金	×××
	×××		
		純資産合計	×××
資産合計	×××	負債・純資産合計	×××

損益計算書
(自○年○月○日　至○年○月○日)

(単位：百万円)

科目	金額	
(経常損益の部)		
経常収益		
事業収益		
○○事業収益	×××	
・・・	×××	
	×××	
財務収益		
受取利息	×××	
・・・	×××	
	×××	×××
経常費用		
事業費用		
給与手当	×××	
・・・	×××	
	×××	
管理費用		
役員報酬	×××	
給与手当	×××	
・・・	×××	
	×××	×××
		×××
財務費用		
支払利息	×××	
・・・	×××	
	×××	
経常利益		×××
(経常外損益の部)		
経常外収益		
土地売却益	×××	
・・・	×××	
	×××	
経常外費用		
建物減損損失	×××	
・・・	×××	
	×××	×××
税引前当期純利益		×××
法人税、住民税及び事業税		×××
法人税等調整額		×××
当期純利益		×××

13　スポーツ団体の情報開示

(3) 公益社団法人／公益財団法人

　公益社団法人／公益財団法人は，前述した一般社団法人／一般財団法人として作成が求められる書類は当然に作成が求められます。さらに，事業年度開始の日の前日までに事業計画書，収支予算書，資金調達および設備投資の見込みを記載した書類を作成し（認定法21条1項，施行規則27条），また事業年度経過後3ヵ月以内に財産目録，役員等名簿，報酬等の支給の基準を記載した書類を作成する必要があります（認定法21条2項）。それを示したのが図表13－4です。

図表13－4　公益法人が作成を求められる書類

事業年度開始の日の前日まで	事業年度経過後3ヵ月以内	
事業計画書	財務諸表	貸借対照表
収支予算書		正味財産増減計算書
資金調達および設備投資の見込みを記載した書類		（キャッシュ・フロー計算書）
	財産目録	
	事業報告	
	付属明細書	
	役員等名簿	
	報酬等の支給の基準を記載した書類	

　会計監査人を設定しなくてはならない会社については，キャッシュ・フロー計算書も作成する必要があります（施行規則28条）。公益法人会計基準（平成20年基準）では，これらのうち貸借対照表，正味財産増減計算書，キャッシュ・フロー計算書の三表を財務諸表としています。

　なお，貸借対照表と正味財産増減計算書の関係は図表13－5のようになっており，貸借対照表の正味財産の部に記載される指定正味財産の金額と一般正味財産の金額は正味財産増減計算書の指定正味財産期末残高と一般正味財産期末残高の金額とそれぞれ一致します。

　作成した上記書類および一般社団法人および一般財団法人に関する法律で作成の求められる計算書類等は誰でも閲覧することができ，公益法人は正当

図表 13-5　貸借対照表と正味財産増減計算書の関係

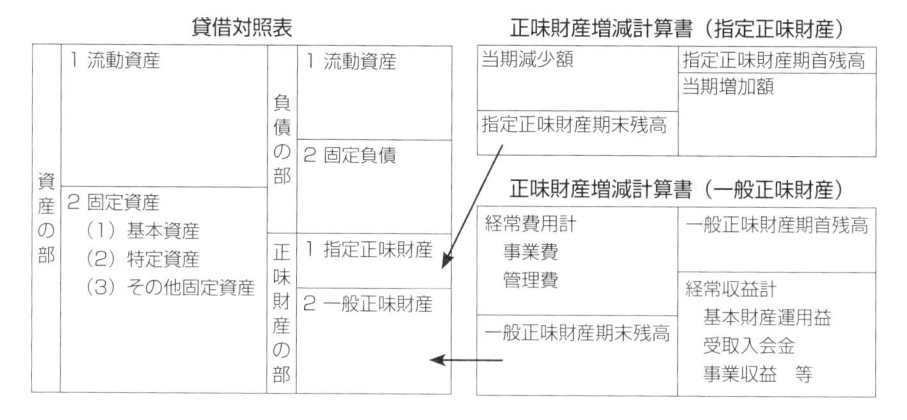

貸借対照表		正味財産増減計算書（指定正味財産）	
資産の部	1 流動資産	負債の部	1 流動資産
			2 固定負債
	2 固定資産 　(1) 基本資産 　(2) 特定資産 　(3) その他固定資産	正味財産の部	1 指定正味財産
			2 一般正味財産

正味財産増減計算書（指定正味財産）

当期減少額	指定正味財産期首残高
	当期増加額
指定正味財産期末残高	

正味財産増減計算書（一般正味財産）

経常費用計 　事業費 　管理費	一般正味財産期首残高
	経常収益計 　基本財産運用益 　受取入会金 　事業収益　等
一般正味財産期末残高	

な理由なしにこの請求を拒むことはできません（認定法21以上4項）。また，毎事業年度の経過後3ヵ月以内に，定款を除く財務目録等を行政庁に提出しなければなりません（認定法22条）。

　さらに，公益法人はその公益性の高さから会計監査人の設置が義務づけられており（認定法5条12項），会計監査人は財産目録およびキャッシュ・フロー計算書の監査結果を会計監査報告に記載，記録しなくてはなりません（認定法23条，施行規則40条）。

　公益社団法人／公益財団法人の財務諸表のポイントの1つとして，特別会計を設けている場合に，会計区分を分けて表示することがあげられます。特別会計を設けている場合には，法人全体の財務諸表および付属明細書ならびに財産目録を基本とし，内訳表として会計区分ごとの情報を貸借対照表および正味財産増減計算書に準じた形式で表示します。付録Cに公益財団法人日本陸上競技連盟の財務諸表の一部を添付していますので確認してみてください。

　また，日本公認会計士協会より「公益法人の財務諸表等の様式等に関するチェックリスト（平成20年基準）」も公表されていますので，作成する際の参考にされるとよいでしょう。

■記載例

平成20年基準の運用指針・様式1－1
貸借対照表
平成　　年　　月　　日現在

科目	当年度	前年度	増減
Ⅰ　資産の部			
1．流動資産			
現金預金			
・・・			
流動資産合計			
2．固定資産			
(1)基本財産			
土地			
・・・			
基本財産合計			
(2)特定資産			
退職給付引当資産			
○○積立資産			
・・・			
特定資産合計			
(3)その他固定資産			
・・・			
その他固定資産合計			
固定資産合計			
資産合計			
Ⅱ　負債の部			
1．流動負債			
未払金			
・・・			
流動負債合計			
2．固定負債			
退職給付引当金			
・・・			
固定負債合計			
負債合計			
Ⅲ　正味財産の部			
1．指定正味財産			
国庫補助金			
・・・			
指定正味財産合計			
（うち基本財産への充当額）			
（うち特定財産への充当額）			
2．一般正味財産			
（うち基本財産への充当額）			
（うち特定財産への充当額）			
正味財産合計			
負債及び正味財産合計			

平成20年基準の運用指針・様式2－1
正味財産増減計算書
平成　　年　　月　　日から平成　　年　　月　　日まで

科目	当年度	前年度	増減
Ⅰ　一般正味財産増減の部			
1.経常増減の部			
(1)経常収益			
基本財産運用益			
・・・			
特定資産運用益			
・・・			
受取会費			
・・・			
事業収益			
・・・			
受取補助金等			
・・・			
受取負担金			
・・・			
受取寄付金			
・・・			
経常収益計			
(2)経常費用			
事業費			
給与手当			
臨時雇賃金			
退職給付費用			
・・・			
管理費			
役員報酬			
給与手当			
・・・			
経常費用計			
評価損益等調整前当期経常増減額			
基本財産評価損益等			
特定資産評価損益等			
投資有価証券評価損益等			
評価損益等計			
当期経常増減額			
2.経常外増減の部			
(1)経常外収益			
固定資産売却益			
・・・			
経常外収益計			
(2)経常外費用			
固定資産売却損			
・・・			
経常外費用計			
当期経常外増減額			
当期一般正味財産増減額			
一般正味財産期首残高			
一般正味財産期末残高			
Ⅱ　指定正味財産増減の部			
受取補助金等			
・・・			
一般正味財産への振替額			
・・・			
当期指定正味財産増減額			
指定正味財産期首残高			
指定正味財産期末残高			
Ⅲ　正味財産期末残高			

キャッシュ・フロー計算書（直接法）

キャッシュ・フロー計算書

平成　年　月　日から平成　年　月　日まで

（単位：円）

科目	当年度	前年度	増減
Ⅰ　事業活動によるキャッシュ・フロー			
1. 事業活動収入			
基本財産運用収入			
・・・			
入会金収入			
・・・			
会費収入			
・・・			
事業収入			
・・・			
補助金等収入			
・・・			
事業活動収入計			
2. 事業活動支出			
事業費支出			
・・・			
管理費支出			
・・・			
事業活動支出計			
事業活動によるキャッシュ・フロー			
Ⅱ　投資活動によるキャッシュ・フロー			
1. 投資活動収入			
固定資産売却収入			
・・・			
投資活動収入計			
2. 投資活動支出			
固定資産取得支出			
・・・			
投資活動支出計			
投資活動によるキャッシュ・フロー			
Ⅲ　財務活動によるキャッシュ・フロー			
1. 財務活動収入			
借入金収入			
・・・			
財務活動収入計			
2. 財務活動支出			
借入金返済支出			
・・・			
財務活動支出計			
財務活動によるキャッシュ・フロー			
Ⅳ　現金及び現金同等物に係る換算差額			
Ⅴ　現金及び現金同等物の増減額			
Ⅵ　現金及び現金同等物の期首残高			
Ⅶ　現金及び現金同等物の期末残高			

キャッシュ・フロー（間接法）

キャッシュ・フロー計算書

平成　年　月　日から平成　年　月　日まで

(単位：円)

科目	当年度	前年度	増減
Ⅰ 事業活動によるキャッシュ・フロー			
1.当期一般正味財産増減額			
2.キャッシュ・フローへの調整額			
減価償却費			
基本財産の増減額			
退職給付引当金の増減額			
未収金の増減額			
貯蔵品の増減額			
未払金の増減額			
指定正味財産からの振替額			
・・・			
・・・			
小　計			
3.指定正味財産増加収入			
補助金等収入			
・・・			
・・・			
指定正味財産増加収入計			
事業活動によるキャッシュ・フロー			
Ⅱ 投資活動によるキャッシュ・フロー			
1.投資活動収入			
固定資産売却収入			
・・・			
投資活動収入計			
2.投資活動支出			
固定資産取得支出			
・・・			
投資活動支出計			
投資活動によるキャッシュ・フロー			
Ⅲ 財務活動によるキャッシュ・フロー			
1.財務活動収入			
借入金収入			
・・・			
財務活動収入計			
2.財務活動支出			
借入金返済支出			
・・・			
財務活動支出計			
財務活動によるキャッシュ・フロー			
Ⅳ 現金及び現金同等物に係る換算差額			
Ⅴ 現金及び現金同等物の増減額			
Ⅵ 現金及び現金同等物の期首残高			
Ⅶ 現金及び現金同等物の期末残高			

附属明細書

1．基本財産及び特定資産の明細

(単位：円)

区分	資産の種類	期首帳簿価額	当期増加額	当期減少額	期末帳簿価額
基本財産	土地 建物 ・・・ ・・・				
	基本財産計				
特定資産	退職給付引当資産 ○○積立資産 ・・・ ・・・				
	特定資産計				

(記載上の留意事項)
・基本財産及び特定資産について、財務諸表の注記に記載をしている場合には、その旨を記載し、内容の記載を省略することができる。
・重要な増減がある場合には、その理由、資産の種類の具体的な内容及び金額の脚注をするものとする。

2．引当金の明細

(単位：円)

科目	期首残高	当期増加額	当期減少額		期末残高
			目的使用	その他	
賞与引当金 ・・・					

(記載上の留意事項)
・期首又は期末のいずれかに残高がある場合にのみ作成する。
・当期増加額と当期減少額は相殺せずに、それぞれ総額で記載する。
・「当期減少額」欄のうち、「その他」の欄には、目的使用以外の理由による減少額を記載し、その理由を脚注する。
・引当金について、財務諸表の注記において記載している場合には、その旨を記載し、内容の記載を省略することができる。

財産目録

財 産 目 録
平成　年　月　日現在

(単位：円)

貸借対照表科目		場所・物量等	使用目的等	金額
(流動資産)				
	現金	手元保管	運転資金として	×××
	預金	普通預金 ○○銀行○○支店	運転資金として	×××
流動資産合計				×××
(固定資産)				
基本財産	土地	○○㎡ ××市▽▽町3-5-1	公益目的保有財産であり、○○事業の施設に使用している。	×××
特定資産	建物	○○㎡ ××市▽▽町3-5-1 4階建	3～4階部分：公益目的保有財産であり、○○事業の施設に使用している。 1～2階部分：△△事業に使用している。	××× ×××
	美術品	絵画　○点 ○年○月○日以前取得	公益目的保有財産であり、○○事業に供している不可欠特定財産である。	×××
	投資有価証券	第○回利付国債他	公益目的保有財産であり、運用益を○○事業の財源として使用している。	×××
	○○積立資産	定期預金 ○○銀行○○支店	○○事業の積立資産であり、資産取得資金として管理されている預金	×××
	○○積立資産	××社債	満期保有目的で保有し、運用益を○○事業の財源として使用している。	×××
		○○株式	寄付により受け入れた株式であり、長期間保有することにより、運用益を○○事業の財源として使用している。	×××
	建物	○○㎡ 東京都△△区▲▲4-6-2	公益目的保有財産であり、○○事業に使用している。	×××
その他固定資産		・・・	・・・	×××
固定資産合計				×××
資産合計				
(流動負債)				
	未払金	○○に対する未払額	○○事業に供する備品購入の未払分	×××
	短期借入金	○○銀行○○支店	運転資金	×××
流動負債合計				×××
(固定負債)				
	退職給付引当金	従業員に対するもの	従業員○○名に対する退職金の支払いに備えたもの	×××
	長期借入金	○○銀行○○支店	△△事業に供する建物を取得するための借入れ	×××
固定負債合計				×××
負債合計				×××
正味財産				×××

(記載上の留意事項)
・支部を有する法人は、支部単位での明細を作成するものとする。
・資産を他の事業等と共用している場合には、法人において、区分、分離可能な範囲で財産を確定し、表示する。ただし、物理的な特定が困難な場合には、一つの事業の資産として確定し、共用財産である旨を記載するものとする。
・特定費用準備資金や資産取得資金を有する場合には、使用目的等の欄に明示するものとする。
・不可欠特定財産を有する場合には、使用目的等の欄に明示するものとする。

(4) NPO 法人

図表13－6に示したとおり，NPO法人会計基準では財務諸表として活動計算書および貸借対照表，および財産目録を作成します。ただし，注記も財務諸表を構成する重要なものとして位置づけています。

その中の1つである活動計算書は株式会社における損益計算書，公益法人の正味財産増減計算書のようなもので，「収益」から「費用」を引いて「正味財産増減額」を計算する書類です。「収益」も「費用」もお金の入出金のタイミングではなく，それぞれに関連する経済的な事実が生じた時点で把握することが強調されています。

NPO法人会計基準協議会の運営しているHP「みんなで使おう！NPO法人会計基準」では，基準本文の他，基準の解説であるハンドブックや作成時に役立つチェックリスト等が無料で提供されていますので，財務諸表を作成する際に参考にされるとよいでしょう。

図表13－6　NPO法で求められる計算書類等

財務諸表	活動計算書
	貸借対照表
財産目録	

■記載例

活動計算書
××年××月××日から××年××月××日まで

(単位：円)

科目	特定非営利活動に係る事業	その他の事業	合計
Ⅰ　経常収益			
・・・			
経常収益計	×××	×××	×××
Ⅱ　経常費用			
・・・			
経常費用計	×××	×××	×××
当期経常増減額	×××	×××	×××
Ⅲ　経常外収益			
Ⅳ　経常外費用			
当期正味財産増減額	×××	×××	×××
前期繰越正味財産額			×××
次期繰越正味財産額			×××

貸借対照表
××年××月××日現在

科目	金額	科目	金額
Ⅰ　資産の部		Ⅱ　負債の部	
1．流動資産		1．流動負債	
…		…	
流動資産合計	×××	流動負債合計	×××
2．固定資産		2．固定負債	
⑴有形固定資産		…	×××
…	×××	固定負債合計	×××
有形固定資産計	×××	負債合計	×××
⑵無形固定資産			
…	×××	Ⅲ　正味財産の部	
無形固定資産計	×××	前期繰越正味財産	×××
⑶投資その他の資産		当期正味財産増減額	×××
…	×××		
投資その他の資産計	×××		
固定資産合計	×××	正味財産合計	×××
資産合計	×××	負債及び正味財産合計	×××

▶ 3．助成金・補助金交付のための申請と報告

　スポーツ団体を対象とした助成金・補助金制度は複数存在します。助成金・補助金を提供する企業や団体は，スポーツの競技水準の向上やスポーツの裾野拡大等各々の目的をもった団体に対する助成金を用意しており，その目的に適合する活動を行っているスポーツ団体は一定の書類等を以て申請を行い，承認されると一定金額が給付されることとなります。そして一定期間の活動が終了した後，活動結果，助成金や補助金等の使途等を，給付を受けた企業や団体に対して報告することが一般的です。

　例えばスポーツ振興くじ助成金を受ける場合には交付申請書，事業計画一覧表，事業計画書，収支予算書，団体概要，その他の添付書類の提出が求められます。当該助成金を受けた助成事業である場合には，その旨の記載およびスポーツ振興くじのロゴマークを会場，施設，発行物等に表示することが義務づけられている事も，情報開示の一種ということができるでしょう。

図表13－7　主な助成金制度と助成内容・報告資料／時期

主な助成金制度	助成内容	報告資料例	報告時期
スポーツ振興くじ助成金	スポーツの国際競技力の向上，地域のスポーツ環境整備・充実など，スポーツの普及・進行を図る	実績報告書	助成活動完了後30日以内または翌年度の4月10日のいずれか早い日まで
笹川スポーツ財団	わが国のスポーツ振興ならびにスポーツ制作の形成に寄与する，優れた「人文・社会科学領域」の研究を支援する。	成果報告書（研究目的・研究方法・結果および考察・まとめ）	受給翌年2月末
上月財団	日本を代表する優秀な選手を育成するために，スポーツ医学，スポーツ科学の分野で取り組まれている研究　等	研究論文 決算報告書	受給翌年3月

▶ 4. 登録している競技団体等への報告

　スポーツ団体は競技団体等へ登録することがあります。一定額の登録料金を支払い競技団体等へ登録することで当該競技団体等が開催する競技大会への出場資格が得られたり，競技に関する情報等を受けることができます。また，中央競技団体からの補助金・助成金を受けることもあります。一方，競技団体等に所属するスポーツ団体は競技団体等に対して活動報告を年度ごとに行う必要があります。この報告を受けることで，競技団体等は各スポーツ団体に対して団体としての在り方の指導等を行う場合もあります。

　例えば，日本陸上競技連盟に加盟する団体（各都道府県陸上競技協会）は，次年度の事業計画および予算に関する書類，前年度の事業報告および決算に関する書類を連盟に提出する必要があります。日本陸連が「国内の陸上競技を統括する」という中央競技団体としての役割を果たすための行為であるといえるでしょう。

また，Ｊリーグのように，クラブ経営の透明性向上のため加盟する株式会社形態の各クラブにより詳細な個別経営情報の開示を要求しているところもあります。参考として，付録Ｃに 2013 年度Ｊクラブ経営情報開示のうちＪ1クラブのものを添付しています。

▶ 5. 自主的な情報公開

　法律や団体規程等による要請があるわけではなく，自主的にホームページや発行物等で自団体に関する情報を広く一般に公表している団体があります。これらは法律等により求められる財務内容の公表等のほかに，活動実績や社会貢献等の報告を行うことでスポーツのルールや魅力を伝えることを目的としています。また，より詳細な情報開示を行うことで自団体の活動内容や透明性を周知し，賛同者を増やすことで自団体やそのスポーツ自体のファンを増やし，競技等の活性化へとつながるものとなり得ます。

　例えば，一般社団法人日本カバディ協会のホームページでは，大会等に関する情報の他，小学生に対する指導実績等を掲載しています。また，Ｊリーグ横浜Ｆマリノスのホームページでは地域との連携や，スポーツ支援活動，学校との連携等の実績を掲載しています。このように，スポーツを通じた社会貢献活動等を行い地域密着，スポーツ振興への取り組み実績を自主的に公表することで団体のアピールをすることができます。

Column　スポーツイベント会計

　会計編ではスポーツ団体における経常的な会計処理をみてきましたが，ここではスポーツイベントが開催されたときの会計処理についてみてみましょう。

　世界的に有名なスポーツイベントとしてはオリンピックやサッカーワールドカップがあげられます。そこで，IOC（International Olympic Committee）およびFIFA（Fédération Internationale de Football Association）の財務報告をとおして，オリンピックやワールドカップに関連してIOCやFIFAではどのような会計処理が行われているかをみてみましょう。

　IOCおよびFIFAそれぞれの財務報告はいずれもIFRS（国際財務報告基準）に基づいて作成されており，会計監査人の監査報告書が添付されています。両組織とも4年に一度大きなイベントを開催しているため，組織の活動報告をイベント（IOCの場合は夏のオリンピック）が開催された年を最終年度とする4年間を対象期間として作成し，この活動報告において財務報告を行っています。なお，連結財務諸表は通常の企業と同様に12ヵ月を一会計年度として作成していますが，FIFAについては4年間を対象として監査意見が表明されています。

　特徴的なのはやはり収益です。内容と金額は以下のようになっています。

IOC

「BUILDING A LEGACY THROUGH SPORT IOC FINAL REPORT 2009-2012」

USD million	2011	2012
Television broadcasting rights	-	2,568
TOP program marketing rights	119	456
Other rights	6	155
Other revenues	9	134
Total	136	3,315

FIFA

「61st FIFA Congress FIFA Financial Report 2010」

USD Million	2009	2010
Revenue from television broadcasting rights	649	717
Revenue from marketing rights	277	342
Revenue from licensing rights	10	26
Revenue from hospitality rights	40	40
Other event - related revenue	43	52
Total	1,021	1,179

【IOC】

　放映権に関するロイヤルティ（Television broadcasting rights）は，オリンピックが開催された期に認識することとしているため，前払いを受けた場合でも収益はオリンピック開催年度まで繰り延べられます。そのため，ロンドンオリンピックが開催された2012年にはTelevision broadcasting rightsが収益計上されていますが，前年の2011年には収益計上されていません。なお，ロイヤルティの前払いにより生じた利息については，発生した期に認識します。

　オリンピックパートナー（The Olympic Partner）からのマーケティング権利（TOP programme marketing Rights）にかかる収益のうち，現金については払い込みがあった期に認識されます。財貨や役務として受領したVIK（Value in Kind）については公正価値で測定され，契約期間に亘り認識されます。

　その他の権利（Other rights）にはオリンピックシンボルおよびオリンピックエンブレムの商業的使用に関する収益が含まれます。その他の収益についても，オリンピックに関連するものについてはオリンピックが開催される期まで繰延べられ，それ以外のものについては現金による払込みがあった期に収益認識されます。

　チケット販売による収益については，大会組織委員会であるOCOG（Organizing Committee for the Olympic Games）に帰属するため，IOCの連結損益計算書上計上されていません。なお，OCOGはIOCの連結財務諸表上連結されていません。

【FIFA】

　Television broadcasting rights をはじめとする各収益は固定化された支払いによるロイヤルティ（Fixed royalty payment），および最低限保証された支払い（Guaranteed minimum payments）と売上に応じた追加的な支払い（Additional sales-based payment（profit share））によるロイヤルティにより構成されています。

　このうちワールドカップに直接関係する収益に関しては，信頼性をもって見積もることができる場合に進行基準（Percentage-of-completion method）に基づいて認識しています。このうち，最低限保証された収益（Guaranteed minimum payments）については，ワールドカップがプロジェクト準備期間（4年間）に亘り均等に達成すると判断し収益認識しています。一方，売上に応じて追加的に発生する利益（Additional sales-based revenue）については，確からしさと信頼性をもって測定できることを要件として認識するとしています。そのため，南アフリカワールドカップが開催された2010年は比較的収益の額が大きくなっています。なお，FIFA はワールドカップ以外のその他のイベント（コンフェデレーションズカップ等）を開催しており，これらについてもワールドカップと同様の会計処理を行っています。このため，IOC に比べワールドカップ開催年度以外にも放映権をはじめとする各収益が計上されています。

　また，チケット売上については，その権利が WCOC（World Cup Organizing Committee）に帰属するため FIFA の連結財務諸表には計上されていない点，および WCOC は FIFA の連結財務諸表上連結されていない点は IOC と同様です。

　このように，オリンピックやサッカーワールドカップといった長期の準備期間を要するスポーツイベントに関しては，収益の繰り延べ等について特有の会計処理があるものの，それぞれが準拠する会計基準（IOC および FIFA の場合は IFRS）に準拠した会計処理がなされている事がわかります。

■参考文献

NPO会計税務専門家ネットワーク編著（2014）『税理士／公認会計士必携 NPO法人実務ハンドブック：すぐに役立つ会計・税務の事例詳解』清文社
清水至編（2001）『公益法人の決算と開示』中央経済社
新日本有限責任監査法人編（2013）『公益法人・一般法人の会計・税務：実務解説』清文社
広瀬一郎編著（2009）『スポーツ・マネジメント理論と実務』東洋経済新報社
BUILDING A LEGACY THROUGH SPORT IOC FINAL REPORT 2009-2012
61st FIFA Congress FIFA Financial Report 2010
NPO法人会計基準協議会HP「NPO法人会計基準ハンドブック」
NPO法人会計基準協議会HP「みんなで使おう！NPO法人会計基準」
上月財団HP
笹川スポーツ財団HP
日本スポーツ振興センターHP
日本カバディ協会HP
横浜FマリノスHP

第Ⅲ部 スポーツ団体の経理

第Ⅳ部

スポーツ団体の税務

14 法人税

　第Ⅳ部では，スポーツ団体が納付すべき税金として，14で法人税，15でその他の税金について説明します。税務については計算や手続きが複雑になるため，外部の専門家に業務を委託または相談するスポーツ団体が多いですが，本書では最低限知っておきたい税務知識を解説します。

▶ 1. 法人税概論

　法人税とは，法人が得た利益（所得）に対して課せられる税金をいいます。日本国内の法人は一定の例外を除いて法人税を納める義務があります。したがって，法人格を有することの多いスポーツ団体は無視できません。また，法人格を有さない任意団体でも法人税の納付義務があることがありますので，注意が必要です。ここで法人が得た利益（所得）とは，以下の計算式によって算定されます。

$$利益（所得）＝益金－損金$$

　なお，益金および損金についてはそれぞれ法人税法（以下，「法」）第22条2項，3項において，その金額に算入するべきものが列挙されています（図表14－1）。

図表14－1　法人税法第22条　利益（所得）の計算

第二十二条　内国法人の各事業年度の所得の金額は，当該事業年度の益金の額から当該事業年度の損金の額を控除した金額とする。
　　２　内国法人の各事業年度の所得の金額の計算上当該事業年度の益金の額に算入すべき金額は，別段の定めがあるものを除き，資産の販売，有償又は無償による資産の譲渡又は役務の提供，無償による資産の譲受けその他の取引で資本等取引以外のものに係る当該事業年度の収益の額とする。
　　３　内国法人の各事業年度の所得の金額の計算上当該事業年度の損金の額に算入すべき金額は，別段の定めがあるものを除き，次に掲げる額とする。
一　当該事業年度の収益に係る売上原価，完成工事原価その他これらに準ずる原価の額
二　前号に掲げるもののほか，当該事業年度の販売費，一般管理費その他の費用（償却費以外の費用で当該事業年度終了の日までに債務の確定しないものを除く。）の額
三　当該事業年度の損失の額で資本等取引以外の取引に係るもの
　　４　第二項に規定する当該事業年度の収益の額及び前項各号に掲げる額は，一般に公正妥当と認められる会計処理の基準に従つて計算されるものとする。

▶ 2. スポーツ団体の法人税法上の区分

　本書ではこれまでスポーツ団体を設立形態別に分類していました。一方，法人税法第2条では，税務上の区分が定義されており，それらを整理すると，図表14－2のようになります。

　⑴株式会社，⑸合同会社は，法人税法上は「普通法人」に区分され，利子源泉徴収等において若干の優遇措置はありますが，全所得に対して課税が行われます。

　⑵一般社団法人・一般財団法人は，非営利型法人または非営利型法人以外の法人の2つに区分されます。
㈣非営利型法人
　一般社団法人・一般財団法人のうち，一定の要件に該当し，非営利性が徹底された法人（事業により儲けようという意思のない法人），もしくは共益

図表14－2　設立形態別の法人税の取扱い

法人区分			法人税法上の取扱い	課税の有無
スポーツ団体	(1)株式会社		普通法人	原則課税あり
	(2)一般社団法人・一般財団法人	(イ)非営利型法人	公益法人等	原則課税なし 収益事業のみ課税
		(ロ)非営利型法人以外の法人	普通法人	原則課税あり
	(3)公益社団法人・公益財団法人		公益法人等	原則課税なし 収益事業のみ課税
	(4)NPO法人		公益法人等	原則課税なし 収益事業のみ課税
	(5)合同会社		普通法人	原則課税あり
	(6)その他特殊法人等		※	※
	(7)任意団体		みなし法人	収益事業を行う場合のみ課税
	(8)有限責任事業組合		（法人ではない）	課税なし（構成員課税あり）

※法人形態により異なる。

的活動を目的とする法人（会員全員に共通する儲けを図る事業を行う法人）と判断された法人を非営利型法人といい，法人税法上は，公益社団法人・公益財団法人と同様に，「公益法人等」として取り扱われます（法2六，九の二）。そのため，原則として法人税がかかりません。ただし，収益事業は課税対象となります。

非営利型法人は，公益社団法人・公益財団法人のように公益認定を受けなくても，登記だけで設立できる一方で，「公益法人等」の税制優遇措置のうち，寄付金控除などの適用が受けられない点で，公益社団法人・公益財団法人よりも税制上の優遇が限定されます。

(ロ)非営利型法人以外の法人

　一般社団法人・一般財団法人のうち，非営利型法人以外の法人は，法人税

法上,「普通法人」として取り扱われ,原則として全所得に対して課税が行われます。

したがって,一般社団法人・一般財団法人を設立する場合には,非営利型法人を目指した方が会費収入等の共益事業に対しては非課税となるため,税務上のメリットが大きいといえます。

(3) 公益社団法人・公益財団法人は,法人税法上,「公益法人等」として取り扱われます（法2六）。「公益法人等」は,公益を目的とする事業を行っているかぎり,原則として法人税がかかりません。しかし,収益事業に該当する場合には,法人税が課税されることになります。また,文字通り公共の利益のために活動する公益社団法人・公益財団法人には,寄附金控除やみなし寄附金の適用など,充実した税制優遇措置が用意されています。

公益社団法人・公益財団法人は,設立の際に公益認定法に基づき公益認定等委員会等により公益性の認定を受ける必要があるなど（詳細については,本書第Ⅱ部組織運営編を参照ください）,設立や運営のハードルが高い一方で,税務上の優遇措置の恩恵を最大限受けることができるのです。

(4) NPO法人は,法人税法上は,「公益法人等」に含まれ,税制度は一般社団法人・一般財団法人の非営利型法人とほぼ同様です。ただし,国税庁長官から認定を受けて「認定NPO法人」になると,公益社団法人・公益財団法人で認められている寄附金控除やみなし寄附金の適用などの税制優遇措置が受けられるようになります。

NPO法人は,設立趣旨や活動内容的には公益社団法人・公益財団法人とそれほど大きな違いはありません。一方で,公益社団法人・公益財団法人を設立するには,公益認定の高い基準をクリアする必要があります。この点,NPO法人は設立要件さえ満たして申請書を提出すれば,所轄庁に設立を認められるため,相対的に設立が容易であり,かつ税務上も公益社団法人・公益財団法人と同様の税制優遇措置が受けられる可能性があるのです。

(7)任意団体は法人として認められていない団体です。そのため，法人税が適用されず納税義務はないと誤解されるかもしれません。しかし，任意団体は税法上，人格のない社団等として取り扱われ，法第3条により法人とみなされ，法人税法の適用を受けることになり，収益事業を営む場合には法人税が課税されることになります。その結果，非営利型法人の一般社団法人・一般財団法人とほぼ同様と考えて差支えないと思われます。任意団体として活動しているスポーツ団体も，税務上のメリットや補助金を得る際の信用力を得たいと考える場合には，いずれかの法人格を取得することを検討することになります。

3. 公益社団法人・公益財団法人の税務上の特徴

税金計算上，公益社団法人・公益財団法人が最も有利な形態と考えられます。公益社団法人・公益財団法人は「公益法人等」に含まれ，前述のとおり公益を目的とする事業を行っているかぎり，原則として法人税がかかりません。

(1) 収益事業

一方で，収益事業に該当する場合には，法人税が課税されることになります。ここで，収益事業とは「販売業，製造業その他の政令で定める事業で，継続して事業場を設けるもの」(法人税法2条13号) と規定されており，具体的な事業については法人税法施行令5条において34業種を限定列挙しています (図表14 − 3)。

例えば，公益財団法人である日本サッカー協会では，公益事業として日本代表関連事業，競技会開催事業，指導普及事業，社会貢献事業などを行っていますが，これらの事業から生じた収入について法人税は課税されません。協会主催の日本代表戦でのチケット収入も公益事業です。一方で，日本サッカー協会では自己所有のビル (JFAハウス) の一部のフロアを一般会社に貸し出しており，これは不動産貸付業にあたるため，収益事業として法人税が課税されます。

図表 14 − 3　法人税法における 34 業種の収益事業

(1) 物品販売業	(2) 不動産販売業	(3) 金銭貸付業	(4) 物品貸付業	(5) 不動産貸付業
(6) 製造業	(7) 通信業	(8) 運送業	(9) 倉庫業	(10) 請負業
(11) 印刷業	(12) 出版業	(13) 写真業	(14) 席貸業	(15) 旅館業
(16) 料理飲食業	(17) 周旋業	(18) 代理業	(19) 仲立業	(20) 問屋業
(21) 鉱業	(22) 土石採取業	(23) 浴場業	(24) 理容業	(25) 美容業
(26) 興行業	(27) 遊技所業	(28) 遊覧所業	(29) 医療保健業	(30) 技芸・学力教授業
(31) 駐車場業	(32) 信用保証業	(33) 無体財産権の提供業	(34) 労働者派遣業	

(2) 特有の優遇措置

　公益社団法人・公益財団法人は一般社団・財団法人（非営利型）と同様に「公益法人等」に含まれますが，公益社団法人・公益財団法人のみに認められる税法上の優遇措置（寄附金控除，みなし寄附金の適用など）があります。この優遇措置が，税金計算上，公益社団法人・公益財団法人が最も有利な形態となるゆえんです。

　寄附金控除とは，公益法人に寄附金を支払った個人・法人が一定の計算に基づいて税負担を軽減できることをいいます。これによって，公益社団法人・公益財団法人への寄附を促します。一方，みなし寄附金制度とは公益社団法人・公益財団法人が収益事業にかかる資産のうちから非収益事業のために支出した金額がある場合には，これを収益事業に係る寄附金とみなして，一定の金額を損金算入することができる（税負担を軽減できる）という規定です（図表 14 − 4）。

　なお，みなし寄附金制度で損金算入できる限度額の計算は下記のいずれか多い金額となります。

　・事業年度の所得金額の 50% 相当額
　・公益法人特別限度額

図表 14 − 4　寄附税制

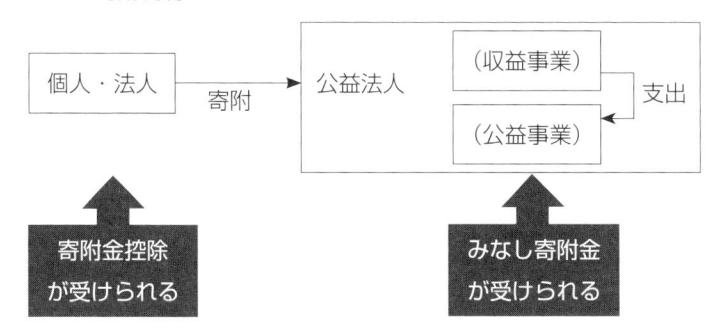

```
┌─────────┐        ┌──────────────────┐
│個人・法人│──寄附─▶│公益法人  (収益事業)│──┐
└─────────┘        │         (公益事業)│◀─┘支出
    ▲              └──────────────────┘
    │                     ▲
  寄附金控除            みなし寄附金
  が受けられる          が受けられる
```

　公益法人特別限度額とはみなし寄附金の額と公益目的事業実施必要額（当期の公益目的事業に係る費用の額から当期の公益目的事業に係る収入の額を控除した金額）のうちいずれか少ない金額とされています。

(3) 収支相償規定

　公益社団法人・公益財団法人の特徴の1つに収支相償の考え方があります。公益社団法人・公益財団法人は，公益目的事業であるかぎり，基本的に利益を計上することを想定しません。つまり，公共の利益のために存在する法人ですので，その事業で儲けてはいけないのです。したがって，公益性の認定を受けるにあたっては，「その行う公益目的事業について，当該公益目的事業に係る収入がその実施に要する適正な費用の額を超えないと見込まれるものであること」という収支相償の原則が適用されます（認定法第14条）。そして，収支相償を遵守していない場合には，公益法人の認定取消しになる可能性もあります（認定法第29条）。

　ただし収支相償の原則により利益がゼロとなる場合であったとしても，この計算の費用の中には特定費用準備資金の積立額を含んでよいとされており，一方，税務上はこれらの費用について損金算入されないこととなっています。そのため，一見課税所得が発生しているようにみえますが，当該特定

図表14-5 収支相償の仕組み

経常収益 → 経常費用 → 剰余金が出る場合、当該事業に係る特定費用準備資金として当期積立 ＝ 収支相償

費用準備金の積立が計画的になされ，中長期的には収支が相償することが確認されれば，収支相償の基準は満たすものとされ，結果として課税所得は発生しないことになります。

上記をまとめたものが図表14-5となります。

4. 申告手続

　税務申告については専門知識も必要となり手間暇もかかるため，外部の専門家に委託しているスポーツ団体が多いと思われますが，ここでは，最低限知っておくべき知識として，法人税の税務申告のための手続を概括的に解説します。

(1) 設立時の届出

　スポーツ団体が法人として活動するためには，法人の設立形態に従って設立の登記を行う必要があります（詳細は第5章を参照ください）。その後，税務申告のために国税庁等への設立の届出を行うことになります。

　普通法人の場合，内国普通法人等の設立の届出が必要となります（法人税法第148条，法人税法施行規則第63条）。手続対象者は，内国法人である普通法人または協同組合等（法人税法別表第三に掲げる法人）で，法人設立の日（設立登記の日）以後2ヵ月以内に提出しなければなりません。届出書および添付書類を1部（調査課所管法人は2部）作成の上，納税地の所轄税務署長に持参または送付します。税務署の所在地については，国税庁ホームページの「国税庁紹介」の「所在地及び管轄」に記載してあります。

公益法人等および任意団体は，収益事業から生じた所得に対してのみ課税されます。よって，新たに収益事業を開始した場合には，収益事業開始の届出の手続が必要となり（法人税法第150条，法人税施行規則第65条），収益事業を開始した日以後2ヵ月以内に納税地の所轄税務署長に提出しなければなりません。

(2) 確定申告
①申告・納付期限
　法人税の課税対象であるスポーツ団体は，事業年度ごとに所轄税務局に法人税の確定申告を行う必要があります。申告期限および納期限は，原則として，各事業年度終了の日の翌日から2ヵ月以内です。なお，申告期限までに確定申告書を提出できない場合には，申告期限延長の特例の申請をすることができます（法人税法第75条の2第2項，同法第81条の24第2項，同法第145条，法人税法施行規則第36条の2，同規則第37条の14）。延長の特例を最初に適用を受けようとする事業年度終了の日までに，所轄税務署長に申請を行う必要があります。

②申告方法
　確定申告は，所轄税務局に納税申告書を提出することもできますし，国税庁の電子申告・納税システム（通称"e-TAX"）からも可能です。
　主な提出書類の1つは，別表一（一）「普通法人(特定の医療法人を除く。)，一般社団法人等及び人格のない社団等の分」の申告書と，別表四「所得の金額の計算に関する明細書」です。別表一（一）は，普通法人等が，確定申告または仮決算による中間申告をする場合に使用します。別表四は，損益計算書に掲げた当期(純)利益の額または当期(純)損失の額を基として，いわゆる申告調整により税務計算上の所得金額もしくは欠損金額または留保金額を計算するために使用します。

③申告の訂正

　確定申告後，誤りに気づいた場合には，申告内容を訂正しなければなりません。過大に申告した場合には，「更生の請求」，過少だった場合には「修正申告」を行います。「更生の請求」は原則法定申告期限から5年以内です。「修正申告」は気づいた時にいつでもできますが，過少申告加算税や延滞税がかかる場合がありますので，なるべく早く申告する必要があります。

④申告を忘れた場合

　申告期限を過ぎてからの申告は，期限後申告として扱われます。この場合には，無申告加算税や延滞税を追加的に納付することになります。

⑤青色申告

　法人税の確定申告を青色申告書によって提出する場合は，取引の帳簿への記録等の一定の条件を満たした上で，青色申告によって申告書を提出しようとする事業年度開始の日の前日まで（新規設立の場合は，設立日から3ヵ月以内（事業年度終了日前日まで））に手続きをしなければなりません。（法人税法第122条第1項，第146条，法人税法施行規則第52条，第62条）。青色申告の場合には，各種の特典が受けられます。青色申告を選択することにより，欠損金の翌年度以降9年間の繰越控除等の特典を受け，法人税の負担を軽減することができます。

■参考文献

朝日税理士法人，朝日ビジネスソリューション株式会社（2014）「図解　公益・一般法人の運営・会計・税務」中央経済社
都井清史（2004）「公益法人の税務と会計」税務研究会出版局
小笠原正・塩野宏・松尾浩也編集代表（2014）「スポーツ六法　2014」信山社
国・都道府県公式公益法人行政総合情報サイト　公益法人 information
国税庁 HP

15 その他の税金

▶ 1. 地方税

　法人税のように国に納付する税金を国税と呼ぶのに対して，地方自治体に納付するものを地方税と呼びます。スポーツ団体が支払う地方税として，法人事業税と法人住民税があげられます。ここでは，その概略を紹介します。

(1) 法人事業税

　法人事業税は，法人が行う事業に対して課される税金で，納付先は都道府県です。法人住民税は，その地域に事務所や事業所などがある法人に課税される税金で，納付先は都道府県と市町村になります。地方税は各自治体によって詳細は異なりますので，所在する地方自治体に確認する必要がありますが，本書では東京都を例にして説明します。

　法人を設立した場合には，登記簿謄本等の必要な書類を添付して，開始・設置の日から15日以内に，主たる事務所等の所在地を所管する都税事務所等に，法人設立・設置届出書を提出しなければなりません。この届出は，地方税納付のための届出のため，前章で記載した国税のための届出とは別に届け出なければなりません。

　法人事業税は，原則として事業年度終了後2ヵ月以内に申告して納めます。納税義務者は，その地域に事務所または事業所を設けて事業を行っている法人（公益法人等は，収益事業を行っている場合に限ります）または人格のない社団や財団で収益事業を行い，法人とみなされるものとなります（地方税法第72条の2）。法人事業税には，「所得割」，「付加価値割」，「資本割」があり，

いずれも所得に対して一定の料率を乗じて計算されます。

(2) 法人住民税

　法人住民税も，原則として事業年度終了後2ヵ月以内に申告して納めます。納税義務者は，都内に事務所または事業所のある法人や収益事業を行う人格のない社団や財団などです。法人住民税には，都民税と市町村民税の2つがあり，さらに，それぞれ「法人税割」と「均等割」からなっています。加えて，支払を受ける利子等に対しては，都民税として「利子割」が課税されます。「法人税割」の法人税額は，所得に対して一定の料率を乗じて計算されます。これに対して，「均等割」は，利益に対して課税されるわけではないので，特別区内に事業所を有する場合，70,000円の都民税が毎年課税されます。収益事業を行わない公益法人・特定非営利活動法人等も，均等割だけは課税されます。

　法人事業税と法人住民税に対しても，申告期限の延長や青色申告の適用があります。

▶ 2. 消費税

　消費税は商品の販売，サービスの提供，および保税地域から引き取られる外国貨物を対象として，取引の各段階で8%の税率で課税されます（そのうち，1.7%は地方消費税，税率は2015年3月時点のものです）。そして，最終的には消費者がそれを負担することになります。具体的には，消費税は生産・流通業者が販売する商品やサービスの金額に含まれ，川下の業者に次々と転嫁されていき，最終的に消費者が負担することになります。

　その仕組みを簡潔に表したものが，図表15－1の例です。50円（税抜き）の小麦粉をもとにパン屋が作ったパンを100円（税抜き）で消費者が買った場合，まずパン屋が小麦業者から小麦を買った時に4円の消費税を支払っています。その後，消費者がパンをパン屋から買った時に8円の消費税をパン

屋に支払います。その結果，消費者が8円の消費税を負担することになりますが，実際にそれを納付するのは商売を行っている事業者であるパン屋であり小麦業者になります。

このように，税金を負担する者とそれを申告する負担する者が異なることから，消費税は間接税に区分されます（これに対して，法人税のように税金を負担する者と申告する者が同じ場合，直接税と呼びます）。

図表15－1　100円（税抜）のパンを買ったときの消費税

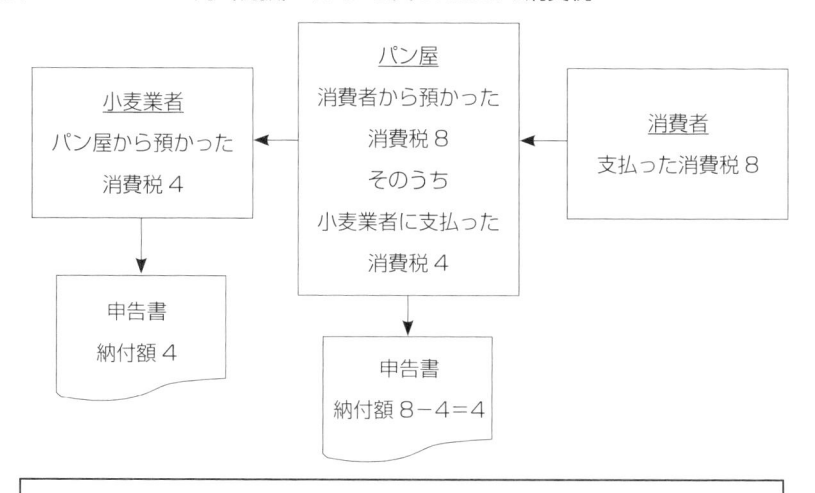

```
小麦業者                    パン屋                     消費者
パン屋から預かった    ←   消費者から預かった    ←   支払った消費税8
消費税4                    消費税8
                           そのうち
                           小麦業者に支払った
                           消費税4

申告書                     申告書
納付額4                    納付額8－4＝4
```

納付される金額　小麦業者4円　＋　パン屋4円　＝　消費者が負担した額8円

　ここで，パン屋は自分が払った消費税4円を申告の際に預かった消費税8円から控除しています。これを仕入税額控除といい，消費税計算の特徴の1つといえます。この仕組みによって，消費者と生産・流通会社の間で重複して消費税が発生しないのです。パン屋が50円で小麦を買った取引を課税仕入といいますが，仮に仕入税額控除がなく，支払った4円の消費税を無視して8円の税金を納付してしまうと，合計で12円の税金が負担されることになり，最終消費財のパン100円に対して税率8％を超えた金額が納付されて

しまい，税負担が重複していることになります。

　それでは，スポーツ団体にとっての消費税はどのような取扱いになるのでしょうか。

　消費税の申告義務は事業を行う事業者ですので，スポーツ団体（公益法人，一般財団法人，NPO法人等）も事業を行えば消費税を申告します。その収入源の中に補助金・助成金，団体加盟者からの会費がありますが，これらの収入は，消費税法上特定収入として課税対象外となります。そのため，消費税は発生せず，支払者に消費税を請求する必要はありません。

　一方，事務所の賃貸料を支払った等の場合には，消費税も当然支払うことになります。例えば特定収入を原資として課税仕入（事務所建物等の賃借料等）が行われた場合には，法人自らが課税仕入にかかる消費税等を負担することになります。

　仕入税額控除の算定を含めた消費税の申告には，通常ある程度の手間がかかるため，その計算方法等に留意する必要があります。特に税理士をはじめとした税務の専門家から助言を受けることが有用です。

■参考文献

国税庁 HP
総務省 HP

第Ⅴ部

スポーツ団体の健全な運営のために

16 ルール・規程の整備

▶ 1. ルール・規程の整備の必要性

　第Ⅱ部で解説したとおり，スポーツ団体の設立形態はさまざまです。その規模も，数名で運営されている団体から構成員が100名を超える団体まであります。活動範囲も特定の地域に限定している団体から，全国を対象にする団体もあります。対象とするスポーツの性質や歴史も異なります。また，スポーツ団体は，主にスポーツの振興を目的に設立され運営されており，利益を追求する一般事業会社とは組織の性質が異なる点も多いです。そうした中で，スポーツ団体は独自の組織文化を構築してきました。その結果，ときには閉ざされた組織であると評されることもあります。

　一方で，スポーツ団体はスポーツの普及，振興，発展のために重要な役割を果たしてきました。ついには，2011（平成23）年に施行されたスポーツ基本法において，その重要性が認知され（前身のスポーツ振興法には，スポーツ団体という言葉は登場しません），国，地方公共団体に並んで称され，努力義務が明示されるまでになりました。今後，国民のスポーツへの意識が高まるほど，スポーツ団体への関心も高まり，関与する利害関係者も増えてくることが予想されます。それゆえに，外部からみても理解がしやすい組織であることが求められるのです。

　スポーツ基本法では，スポーツ団体はその運営の透明性を確保すること，自ら遵守すべき基準を作成するよう努力することを求めています（図表16 - 1）。

　本章では，スポーツ団体が運営の透明性を確保するために設定が必要な組織や業務運用に関するルール，規程について解説していきます。

153

図表 16 - 1　スポーツ基本法　第 5 条

（スポーツ団体の努力）
第五条　スポーツ団体は，スポーツの普及及び競技水準の向上に果たすべき重要な役割に鑑み，基本理念にのっとり，スポーツを行う者の権利利益の保護，心身の健康の保持増進及び安全の確保に配慮しつつ，スポーツの推進に主体的に取り組むよう努めるものとする。
　2　スポーツ団体は，スポーツの振興のための事業を適正に行うため，その運営の透明性の確保を図るとともに，その事業活動に関し自らが遵守すべき基準を作成するよう努めるものとする。
　3　スポーツ団体は，スポーツに関する紛争について，迅速かつ適正な解決に努めるものとする。

2. 運営規程

　運営規程とは，組織を運営する上での基本的なルールを定めたものです。さまざまな設立形態をもつスポーツ団体ですが，運営規定は，法規制により法人の義務として求められることもあります。ここでは，適切な運営を促進するために必要と考えられる一般的な規程を紹介します。

　まず，スポーツ団体が法人格を有した場合には定款の作成が必要です。加えて，法人の円滑な組織運営のために各種の規程を設定することが必要とされます。法人運営に必要な規程は大きく，①法人の組織・機関等の運営に関する規程，②法人の業務に関する規程，③法人の役職員の報酬・給与等に関する規程，④法人の財産その他に関する規程の4つに分けられます。

（1）法人の組織・機関等の運営に関する規程

　図表 16 - 2 は，社団法人を例にとり，スポーツ団体を運営する構成員や役員会の運用に関するルールを定めた規程類を例示列挙したものです。

図表16−2 社団法人の組織・機関等の運営に関する運営規程の例示

会員に関する規程
社員総会運営規程　※
理事会運営規程
監事監査規程
委員会運営規程
常任理事会運営規程
役員等の職務及びその権限に関する規程
組織規程

※　財団法人の場合には評議員会運営規程に代わります。

　社団法人では，会員の資格が定款の必要的記載事項となっているため，会員を社団法人の社員とする場合には，定款において会員の種類，入退会手続および基準を定めます。会員の数が多い法人の場合には社員選出規程を定め，正会員の中から選出された会員を一般法人上の社員とするような取扱いも可能です。また，入会の際の審査についても，基準を明確にするためにここで定めておく必要があります。会員の入退会に関する規程においては，入退会申込書のひな形を定め，会員の氏名または名称および住所を記載した会員名簿を作成することも必要です。入会金や年会費についてもここで定め，年度途中で会員となった者の年会費の取扱について明確にしておくとよいでしょう。加えて，公益法人においては，徴収する会費と入会金について，公益目的事業に使用する割合と公益目的以外の事業に使用する割合を定めておく必要があります。いずれにせよ，入会金，会費の管理のための台帳についてもここで定め，納入年月日，納入金額等を管理できる体制を構築することが必要です。

　各議事運営については，社員総会，理事会等の各種議会の円滑な運営のため，それぞれの選任手続，議会の招集権者と招集方法，出欠席および代理人の資格，議長の権限，各種動議，説明義務者，採決の手続，および議事録に関する規程を定める必要があります。また，代表理事や副会長，専務理事，

常務理事，部長等の職務権限についても規定し，それぞれの決裁権限等について金額を明示する等の方法により明確にしておく必要があります。組織については，事務局の健全な運営を図ることを目的として，法人事務局に設置する部門や部門内の職制等を規定します。また，より円滑な団体運営のためには部門ごとの分掌事務を事務分担表に明記しておくことが望まれます。

(2) 法人の業務に関する規程

次に図表16－3に業務規程を例示列挙しました。

図表16－3　法人の業務に関する規程の例示

文書取扱規程
印章管理規程
情報公開規程
個人情報保護規程
情報セキュリティ規程
コンプライアンス規程
公益通報者保護規程
リスク管理規程
就業規則

まず，機密情報や契約等に関する各種文書，ならびに法務局に届出を行った代表印および銀行印として登録した理事長印等，法的に重要な文書や印章については適切に管理し，慎重に取り扱わなければなりません。そのためには，法人内の各機関における文書の取扱を統一するため，起案手続や決裁権限，保存期間等を定めた文書取扱規程を作成し，印章の種類や管理責任者を明確にした印章管理規程を作成する必要があります。また，印章の新規登録や廃止，使用に関する管理のため，印章管理台帳を作成することが望まれます。

また，スポーツ団体は業務の透明性を確保すること，および説明責任を果

たすことが重要であるため、情報開示に関する規程を定める必要があります。一般的に情報管理は、文書管理を統括する部門、あるいは責任者によって行われます。閲覧の請求があればすぐに閲覧に供することができるよう、明瞭な閲覧手続と管理方法を定めておくことが望まれます。例えば公益法人および一般法人の主たる事務所に備え置くべき書類および公開対象資料は図表16－4のとおりです。

図表16－4　備え置く書類の一覧

No.	書類	期間	公益法人	一般法人
常時備置が必要なもの				
1	定款	常時	必要	必要
2	社員名簿（*1）	常時	必要	必要
毎事業年度開始の日の前日までに作成するもの				
3	事業計画書	事業年度開始前日〜事業年度末日	必要	不要
4	収支予算書	事業年度開始前日〜事業年度末日	必要	不要
5	資金調達及び設備投資の見込みを記載した書類	事業年度開始前日〜事業年度末日	必要	不要
事業年度経過後に作成されるもの				
6	貸借対照表	定時評議員会の2週間前〜5年間	必要	必要
7	貸借対照表の附属明細	定時評議員会の2週間前〜5年間	必要	必要
8	損益計算書	定時評議員会の2週間前〜5年間	必要	必要
9	損益計算書の附属明細	定時評議員会の2週間前〜5年間	必要	必要
10	事業報告	定時評議員会の2週間前〜5年間	必要	必要
11	事業報告の附属明細	定時評議員会の2週間前〜5年間	必要	必要
12	監査報告	定時評議員会の2週間前〜5年間	必要	必要
13	財産目録	事業年度経過後3ヵ月以内〜5年間	必要	不要
14	役員等名簿	事業年度経過後3ヵ月以内〜5年間	必要	不要
15	役員報酬等の支給基準	事業年度経過後3ヵ月以内〜5年間	必要	不要
16	理事会議事録	開催日〜10年間	必要	必要
17	社員総会・評議会議事録	開催日〜10年間	必要	必要

出所：公益情報システム株式会社ホームページ「新制度移行後の法人運営実務解説」より作成。

さらに，どのような団体であれ，個人情報の取扱いなしに業務を遂行することは困難であるため，個人情報保護法を正しく理解し，遵守する必要があります。そのため，団体全体に適用され，体系的に統合された個人情報保護に関する基本方針（プライバシーポリシー），および個人情報保護のための内部規程を定め，維持していくことが必要となります。同様に，団体が取扱う情報資産を保全するため，情報セキュリティの管理に関する基本方針および規程についても定めておくことが望まれます。個人情報および情報資産の安全管理のため，従業員の役割や責任を明確にし，情報への不正アクセスや紛失，改ざん，漏えいなどのリスクに備えた体制を構築する必要があります。また，損害賠償や処分等，罰則についても明確にし，適切な管理，運用を行っていたにもかかわらず事故が発生した場合には適切な対応がとれるよう，警察への届出や広報対応等の適切な対応方法を定めておくことが重要です。

　上記に加えて，法人のコンプライアンスを高め，その取り組みを強化するため，コンプライアンス規程および公益通報者の保護規程を設定することも望ましいといえるでしょう。この規程を整備することによって，法人内部の自浄作用を高めるとともに，外部に対してもコンプライアンスに力を入れて取り組んでいることを示すこともできます。窓口を設置して内部通報を受付ける段階から，公益通報の方法，その調査や是正措置，再発防止策の実施までの手続を明確にし，さらに公益通報者の解雇の無効や個人情報の保護等，公益通報者の保護に関する規程を整備することが重要です。

　また，職員との労務トラブルを避け，また適切に法人を運営していくため，職員の就業上遵守すべき労働条件の細目を定めた就業規則を定める必要があります。経理規程等の各種業務に関する規程についてもここで定めておきましょう。

（3）法人の役職員の報酬・給与に関する規程

　図表16－5は，スポーツ団体の役員や職員の報酬や給与に関する規程の例示です。

図表16-5　法人の役職員の報酬・給与に関する規程の例示

役員等の報酬に関する規程
非常勤役員等の報酬に関する規程
役員等の費用に関する規程
給与規程
退職手当規程
旅費規程
職員の職務上の倫理に関する規程

　役員の報酬については，一般社団法人及び一般財団法人に関する法律89条，105条に，また評議員の報酬等については，同196条にそれぞれ規定されています。役員の報酬が法人の資産・収入状況からみてあまりに多額であったりすると，法人として不適切な資源配分となったり，事業活動自体を圧迫する可能性もあることから，役員報酬が不当に高額とならないように設定する必要があります。公益法人では，公益法人認定法5条13条において，「理事，監事，及び評議員に対する報酬等について，内閣府令で定めるところにより，民間事業者の役員の報酬等及び従業員の給与，当該法人の経理の状況その他の事情を考慮して，不当に高額なものとならないような支給の基準を定めているものであること」と定められています。

　また，職員の給与規程，退職手当規程や経費，旅費等に関する規程，および職員の倫理に関する規程についても設定します。特に経費精算については，直接現金や預金のやりとりが発生し，不正等も起こりやすい業務です。これらの規程について周知を徹底し，役員も含めた構成員全員が適正な倫理観をもって業務にあたるよう徹底する必要があります。少ない人員で多くの業務をカバーしなければならないことが多いスポーツ団体においては業務の効率性が追及され，事務処理を簡略化していることも考えられますが，領収書の添付を確認する等，適切な証憑に基づいた処理を行うことができるように規程を定めることが重要です。

(4) 法人の財産その他に関する規程

最後に，図表 16 − 6 では，主に法人の財産に関する規程を例示しました。

図表 16 − 6　法人の財産その他に関する規程の例示

財産管理規程
資金運用規程
寄付金規程
その他

ここでは，法人の財産の保全および適切な管理を目的として，財産の運用および管理に関する規程を定めます。スポーツ団体においては，資金が豊富ではない団体も多く，限られた資金で組織を運用していかなければならないことが想定されるため，法人財産の管理，運用について適切な規程を定めることで，法人財産に関連する不正等を防止していくことができます。財産管理規程では，法人の財産管理方針を定めるとともに，定款で定めた基本財産，および将来の特定の目的のために積み立てた資産等の特定資産に区分し，その処分や担保提供等，財産に重要な変動につながる行動については理事会で承認が必要である旨等，法人の財産が適切に保全されるよう規程を定めます。資金運用規程では，資金運用の責任者を定め，理事への報告等をもって法人の資金運用が適切に行えるよう，規程を定めます。寄付金規程においては，一般寄付金，特定寄付金，特別寄付金の定義を定め，それぞれの募集方法や目論見書の作成，公益事業目的への使用割合等，各種の寄付金の運用の方針について定める必要があります。

ここまで，スポーツ団体として適切なガバナンスを保ち，透明性の高い組織運営を行っていく上で必要となると考えられる規程について例示し説明してきました。もちろん実際の組織運営を行っていく上では上記の規程以外にも各種の規程を定め，それに則って業務を行う必要がある場合もあります。そのような場合には，当該業務のあるべき形を改めて検討し，効率的かつ効

果的に業務が実施されるように討議を行った上で，規程を定めることが重要です。また，形式的なものを揃えたとしても，それぞれの組織に適合していなければ意味がありません。適切な組織運営ができるように各規程についても柔軟に対応していくことが求められます。

　また，教育・エンターテインメント・健康管理の手段としてスポーツが社会に浸透した今，スポーツ団体に向けられる社会的な関心も高まっています。そうした中で，世間一般には理解が得られない運営が行われていては，組織としての社会的信頼を失い，スポーツの振興という目的を果たすことはできません。特に，お金が関係することなど，世間的な関心度が高い事項については，世間からより厳しい目が向けられます。規程を定めて運用するにあたっては，組織の内部的な事情を最優先にすることなく，昨今の社会的な常識から考えて本当に一般的に理解が得られるものか否かという観点をもつことを忘れてはなりません。また，価値観は時に時代とともに変わることもありますので，常にアップデートしなければなりません。場合によっては，外部の専門家に評価を依頼することも検討すべきでしょう。

▶ 3．選手選考基準

　スポーツ団体によっては，競技者が競技活動を続ける上で，加入（登録）を義務づけている団体もあります。そして，スポーツ団体が，強化指定選手や代表派遣選手の選考を行う場合には，選考候補の選手および関係者だけでなく，そのスポーツに関心をもつすべての人に影響をもつといえるでしょう。そのため，特に選考基準は公平で，選考プロセスが透明性のあるものでなければなりません。選手の選考については，近年においては日本スポーツ仲裁機構（Japan Sports Arbitration Agency：JSAA）によって仲裁が行われているケースもあり，度々注目を浴びる論点となっています。選手とスポーツ団体の紛争を解決するために設置された日本スポーツ仲裁機構では，2014（平成26）年7月現在までに32件の仲裁判断事例を公表しており，そのうち14

件が国際大会等への選手派遣に関する選考基準が争点となっています。このように，仲裁事例のうち半数近くの案件が選手選考に関するものであることからも，選手選考がいかに難しいかを示しているといえます。

　2011（平成23）年に発生した事案では，仲裁によってオリンピック・アジア予選大会の代表選考の内定を取り消す旨の判断がされています。この事案は，代表選手選考のために実施した最終選考合宿の結果，補欠に選出された競技者が，事前に公表されていた最終選考要領と異なる選考方法がとられたとして，代表内定の取消を求めて申し立てたものです。日本スポーツ仲裁機構が事実確認を行った結果，不適切な選考がされているとして，内定を取り消すという裁定が下されました。選手選考を行うスポーツ団体では，時に想定していなかったイレギュラーな事態が発生したと判断した場合，その競技に精通したスポーツ団体が熟慮し，公表していた選考基準とは異なる方法で選考を行うこともあるかもしれません。しかし，選手の選考は事前に定められた公平で透明性の高い選考基準に沿って選考を行う必要があり，選手選考基準は可能なかぎりあらゆる状況を想定して詳細に規定されることが望まれます。

　2013（平成25）年には，国際競技団体が設定した基準はクリアしていたにもかかわらず，国内競技団体が独自に設定した基準に従って代表となれなかった競技者が代表選手の内定取り消しを求めて仲裁申し立てを行っています。この事案では，日本スポーツ仲裁機構は，選手選考基準が国内競技団体の裁量権の範囲を超えて著しく合理性を欠くとまでは言い難いとして，訴えを棄却しています。選手選考基準はその難しさゆえに，時に事前に理解することが困難になってしまうことも考えられます。選手選考基準は作成されていたとしても，すべての競技者に事前に周知を徹底しなければ，こうした事案がまた起きないとは限りません。

　これらの事例を通じて，選手選考を適切に実施していくために必要なことは以下の2点であるといえます。

・選手選考基準として適切な基準が設定されていること
・設定された基準がスポーツ団体内のみでなくすべての競技者に周知されていること

選手選考基準として，具体的に定める事項としては，選考を行うメンバーの選定基準および人数，選考人数，選考期間，選考の手段，選考のプロセス，対象となる競技者の範囲，選考対象となる大会およびその成績と指標などがあげられます。また，日本スポーツ仲裁機構のガバナンスガイドブックでも述べられているように，点数制の競技やチーム競技では，タイム等を争う競技と比べて具体的な選考基準を設定することが難しく，その結果，選考を行う側の裁量が大きくなる傾向にあります。選考に関する説明責任を果たすためにも，選手選考の際に考慮すべき要素や考慮の方法を，事前に可能なかぎり具体的に規定し，偏った判断が行われる余地を排除する必要があります。そして，一度設定された基準は，スポーツ団体を通じて競技者やコーチ，監督などの関係者に周知し，修正や変更についても適時に連絡し，各関係者が十分に理解できるよう選手とスポーツ団体との交流が図られるよう努める必要があります。

■参考文献

笹川スポーツ財団編（2014）『入門スポーツガバナンス：基本的な知識と考え方』東洋経済新報社
スポーツにおけるグッドガバナンス研究会編（2014）『スポーツガバナンス実践ガイドブック：基礎知識から構築のノウハウまで』民事法研究会
渋谷幸雄（2009）『公益社団法人・公益財団法人 一般社団法人・一般財団法人の機関と運営』全国公益法人協会
望月浩一郎・松本泰介（2009）「スポーツ団体におけるコンプライアンス―我那覇選手CAS仲裁事件などの事例を通じて」『自由と正義』60巻8号，68-76頁
公益情報システム株式会社（2013）「新制度移行後の法人運営実務解説」
日本スポーツ仲裁機構（2012）「仲裁事例集」JSAA-AP-2011-003（ボート）
日本スポーツ仲裁機構（2013）「仲裁判断集」JSAA-AP-2013-024（卓球）

17 不正の防止

▶ 1. スポーツにまつわる不正

　スポーツの歴史を振り返ると，不正と呼ばれる残念な行為があったことも事実です。スポーツに係る不正は，当事者のみならず，選手，役員，従業員，会員，スポンサー，地域社会など，多くの利害関係者に影響を与え，さらには，青少年の教育やスポーツの発展そのものにまで影響を及ぼしかねません。したがって，スポーツの高潔性を保つために，あらゆる不正を無くそうと世界各国で取り組みが進められています。

　スポーツにおける主な不正を，図表17 - 1に列挙しました。

図表17 - 1　スポーツにおける不正

行為	主な実施主体
ドーピング	選手，指導者
八百長	選手，指導者，審判
セクシャルハラスメント	指導者
パワーハラスメント	選手，指導者
暴力	選手，指導者
不公平な競技運営	スポーツ団体
贈賄	選手，指導者，スポンサー，スポーツ団体
不正経理	スポーツ団体
補助金の不正受領	選手，指導者，スポーツ団体，所轄行政

　これらの不正が行われれば，競技者や支援者の減少につながり，場合によってはスポーツの価値そのものへの毀損につながります。そのため，スポーツの振興に取り組むスポーツ団体にとって，不正を防止することは避けて通る

ことのできない課題です。

　スポーツに係る不正は，その実施主体も，その背景もさまざまです。個人単位で行われる場合もありますし，組織ぐるみで行われることもあります。また，その目的は，個人の勝ちたいという欲求を満たすためかもしれませんし，金銭の受領かもしれません。自分の利益ではなく，他人や組織のために一線を越えてしまうことがあるかもしれませんし，時に，意図的ではなく，不正を犯していることに気づかないことさえあるかもしれません。そこで，不正を防止するためには，まずは不正とは何かを知る必要があるでしょう。

▶ 2．不正の原因

　そもそもなぜ不正は起こってしまうのでしょうか。不正の原因については，不正のトライアングルと呼ばれる理論により理解を深めることができます。この理論は米国の犯罪学者クレッシー（Donald R. Cressey）により体系化されたもので，不正を理解する上で欠かせない理論です（図表17 − 2）。

図表17 − 2　不正のトライアングル

要素	内容
機会	不正行為を行うことができるチャンスがあること
動機	不正行為を試みようと考える要因
正当化	不正行為を行うことに合理性を捻出すること

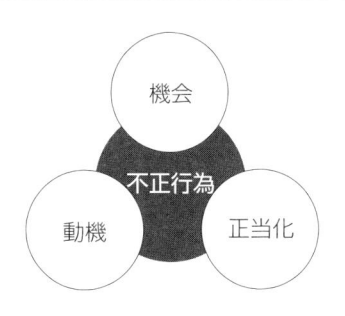

図表17－2に示された3つの要素が揃う領域があるとすれば，それは不正が行われるリスクが高い領域です。例えば，あるスポーツ団体で助成金の不正受給があったと仮定しましょう。そのスポーツ団体が企画した強化合宿で，宿泊先のホテルから手書きの（複写式ではない）領収書を受け取ったとします。それを受け取った職員は，経理業務を担当すると同時に助成金の申請手続も担当しており，かつ，そのスポーツ団体は少人数で運用されていることもあって誰もその職員の仕事をチェックする体制にありませんでした。そこで，その職員は，ふと誰にも気づかれることなく領収書の金額にゼロを書き足し，その金額に基づいて助成金の申請ができることに気づきました。ここに，領収書を捏造する「機会」が生まれます。そして，その職員はスポーツ団体の資金不足に日々頭を悩ませており，少しでも多くの助成金をもらいたい状況であれば，そこには「動機」が存在します。さらに，その職員は，その行為は自分の私利私欲ではなくスポーツ団体の維持とスポーツの発展という大きな目的のためにはやむを得ないものだと考え，その行為を「正当化」し，自分を納得させてしまったのかもしれません。

　また，この3つの要素は連動しています。「機会」があれば，潜在的な「動機」を呼び起こし自らの行為を「正当化」します。「動機」があれば，「機会」を探し「正当化」しようとします。「正当化」された（少なくとも本人はそう思い込むでしょう）理屈があれば，「動機」が生まれ「機会」を求めます。したがって，不正のきっかけは，3つの要素のどこからでも生じ得るのです。

　まずは，不正のトライアングルを理解し，それに基づいて不正がどこで起こり得るかを予見することが，不正の発生を防止するためのアプローチを検討することに役立つでしょう。そして，一度不正が予見されれば，その不正の可能性を1つずつ抑制する策を考えて実行することが可能になります。

▶ 3．不正に対するアプローチ

　図表17－3は，不正に対するアプローチを整理したものです。

図表17－3　不正に対するアプローチ

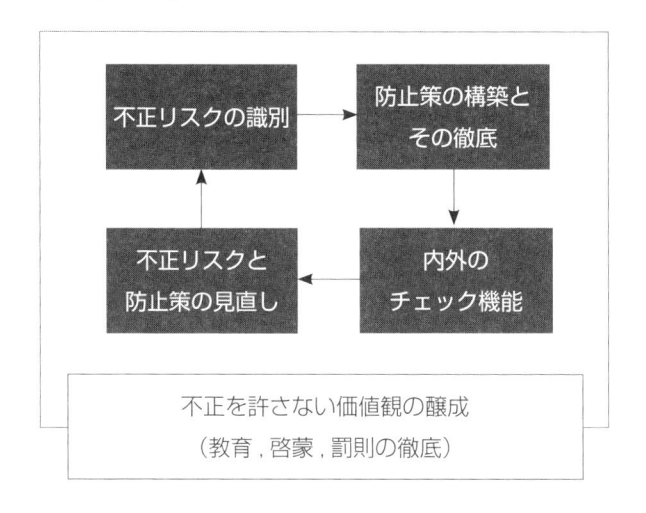

```
不正リスクの識別 → 防止策の構築と
                    その徹底
    ↑                  ↓
不正リスクと      ← 内外の
防止策の見直し       チェック機能

       不正を許さない価値観の醸成
       （教育，啓蒙，罰則の徹底）
```

(1) 不正リスクの識別

　スポーツ団体は，まず，競技やその周辺の活動において，不正が起こるかもしれない領域を予見しなければなりません。ここではこれを不正リスクの識別と呼ぶことにします。不正リスクの識別には，スポーツのみならずその周辺業務に関する知識と経験が求められ，関与するメンバーが多いほど多角的な観点から検討が可能になり，より網羅的に不正リスクを識別できるでしょう。

　例えば，不正のトライアングルの「機会」の観点から不正リスクを識別することができます。多額のお金が動く競技では，競技者とお金を動かす権限をもつ人との接触が多ければ，八百長が行われるかもしれません。スポーツ団体において特定のメンバーに権限が集中し，監視の目が届かなければ，不正経理が行われるかもしれません。

　また，不正のトライアングルの「動機」の観点から不正リスクを識別することができます。国民の期待を一身に負った選手やコーチが，勝たなければならないというプレッシャーから時に一線を越えてしまうかもしれません。

権力を誇示する欲求が強い指導者がいれば、そのために時に暴力行為に及んでしまうことも考えられます。

さらには、不正のトライアングルの「正当化」の観点から不正リスクを識別することができます。社会的な認知度が低いスポーツの普及のためには、最初は多少強引な手を使うことも必要だと考えて、贈賄を働いてしまうかもしれません。普段、無償でスポーツ団体に献身しているのだから、たまには多少の美味しい思いをしてもいいではないかと考えれば、横領に手を染めてしまうかもしれません。ときには、自国開催の大会を成功に導くためには競技を盛り上げなければならないという思いが、いつの間にか目的を歪めてしまい、地元選手に有利な採点や大会運営を促してしまうかもしれません。

これらは、一例に過ぎませんし、不正は複雑な利害関係が絡むことも多いです。スポーツ団体ごとに、そのスポーツの競技自体の特性や歴史、背景を含めた実状を把握し、不正リスクを漏れなく正確に識別することが、不正を防止する第一歩になります。

(2) 不正の防止策の構築とその徹底

識別された不正リスクに対しては、それが具現化されないように対応策を立てる必要があります。有効な手段の1つは、不正の「機会」を無くすことです。多額の金銭が動く競艇や競馬の場合、競技者は競技前に外部との接触を厳しく制限されています。競技前後のドーピング検査を徹底する競技団体もあります。スポーツ団体の職員は、業務を報告し相互にチェックし合うことで、相互牽制を利かせることができます。1人で完結している業務がある場合には、職務分掌を明確にし、複数による運用体制となるようにします。それが困難な場合には、一定期間の休暇取得を義務づけ、休暇中に他の団体職員が業務を実施することを検討することも有効です。メールのモニタリングを考慮してもいいのかもしれません。ただし、こうした防止策は、厳しすぎると業務の弊害になりかねないため留意が必要です。また、団体職員には、ボランティア等で組織運営にかかわっている場合もありますが、防止策が厳しすぎると「自分たちは信用されていない」と感じ、団体に対して不信感を

募らせるかもしれません。

　また，不正の対応策として有効な手段に，内部通報制度・ホットラインがあります。これは，事後的な発見につながることもありますし，事前に不正を抑止することもできます。ただし，内部通報制度・ホットラインを構築する際には，通報窓口の明確化，通報者の保護に留意が必要です。通報窓口は通報しやすいように利害が絡まず中立性を有していることが望まれます。また，通報先を周知徹底しておくことも重要です。また，通報者が通報したことで不利益を被ってはいけません。その点，公益通報者保護法にも注意が必要です。そして一度通報があれば，間違ってもそれを放置してはいけません。場合によっては第三者委員会等を設置し，調査を実施することも検討が必要でしょう。委員会のメンバーには，弁護士や公認会計士など外部の専門家が参加することで，調査の透明性，客観性が増し，より信頼性の高い調査を実施することが可能となります。

(3) 内外のチェック機能

　上記の不正に対する施策が十分かつ適切に行われているか，また実際に不正はないのかをチェックする機能も必要です。より上位のスポーツ団体や監督官庁からの視察もこれに含まれるでしょう。また，弁護士や公認会計士など外部の専門家に依頼することも考えられます。

　さらに，スポーツ団体の内部でもチェックは行えます。通常の組織であれば内部監査機関を設置するなどさまざまな方法が考えられますが，ここでは，アンケートによるチェックを提案します。スポーツ団体が自発的にアンケート等を実施することで，団体の構成員が主体的に身の回りの業務をチェックでき，不正に関する基礎的な情報を入手することができます。以下，図表17-4に示したのはアンケートの質問票の例示です。

図表17－4　コンプライアンスに関するアンケート例

項番	チェック項目	はい	いいえ
1	コンプライアンス・倫理を重視した風土がある。	□	□
2	同一部門・同一業務に長時間従事する人がいる。	□	□
3	組織内で権限を持つ人に意見を言いにくい雰囲気がある。	□	□
4	ホットライン制度の存在を知っている。かつ，ホットライン制度を利用する際の利用手順を知っている。	□	□
5	不正に関するガイドラインや不正防止計画の存在を知っている。	□	□
6	不正防止説明会に参加したことがある。	□	□
7	資産横領の際の罰則を知っている。	□	□
8	経費申請の際に必要な手順を遵守している。	□	□
…	…	…	…

　アンケート作成の際には，誰を回答者とするか，人数，アンケートのフォーマット，回答の回収方法，設問数，匿名か記名か等を考慮する必要があります。それぞれの実態に相応しいアンケートを検討してみてはいかがでしょうか。

4. 不正を許さない価値観

　不正の3要素のうち客観的な要素である「機会」を無くすことは，不正を行うかもしれない主体者の周辺を不正ができないような環境にすることでもあり，主体者の外からのアプローチです。一方，主体者に対して，教育や啓発を行うことで不正を防止することは，主体者の内面に訴えるアプローチといえます。

　まずは，スポーツ団体は不正を許さない，という姿勢を選手，指導者，職員，スポンサー等の利害関係者に明確に示すことが必要です。たとえどんな事情があっても不正がスポーツの振興にプラスになることはありません。それを許さないという強い姿勢をスポーツ団体が常日頃から発信することで，徐々にその価値観が浸透していきます。手段はさまざまで，ホームページや会員証に提示することもできますし，競技大会等の挨拶で触れたり，定期的にパ

ンフレットを配布したりすることもできます。

　また，行動規範・倫理規程を整備し，不正とは何かを定義し，それに対する厳格な罰則を定めることも，不正を許さないというメッセージとして伝わります。スポーツ団体において，「何が不正なのか」という判断基準や「ルール違反」に対する処罰の基準，さらには，報告・連絡・相談に関するルールについて，あらかじめ明確にしておくことが重要です。

　さらに，教育を徹底することで不正を許さない価値観を醸成することができます。その方法はやはりさまざまですが，内外の研修を定期的に行うことも考えられますし，ガイドラインを配布することも考えられます。スポーツ団体だけでなく，地域社会，学校，外部の専門家，構成員などの協力を得られると，より効果的になるでしょう。

　ここで，不正を許さない価値観を醸成するためのキーワードは，「継続性」です。個人の価値観や考え方に訴えるものですので，その作業は時に地味で，効果がすぐに具現化されるものでもありません。しかし，その取り組みを続けることで，少しずつ人々に浸透し，不正を許さないという価値観が組織全体に広まることになります。そして，その価値観の醸成こそが不正防止の土台となるものであり，最大の不正の防止策なのです。

■参考文献

新日本有限責任監査法人HP
消費者庁HP

18 危機管理

▶ 1. 危機管理とは

　さまざまな利害関係者が関与するスポーツ団体の組織運営においては，思いがけないトラブルを完全になくすことはできません。本章では，望ましくない事態が発生した際に，スポーツ団体がどのように対処すべきかという「危機管理」の重要性と手段について説明します。

　「危機管理」に類する概念として「リスクマネジメント」という言葉があります。一般的に「リスクマネジメント」とは，「これから起きるかもしれない危険に対して事前に対応しておこうという行動」を指します。一方で，「危機管理」とは，「すでに起きた事故や事件に対して，そこから受けるダメージをなるべく減らす」という発想です（図表18 - 1）。

図表 18 - 1　リスクマネジメントと危機管理

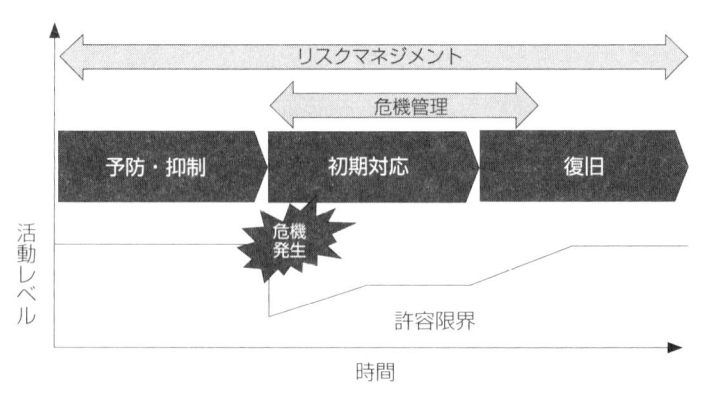

▶ 2. 危機管理の重要性

　各スポーツ団体の尽力や，選手の活躍，東京オリンピック・パラリンピック開催決定など，近年スポーツ界に対する社会の関心は高まっています。このことは，スポーツ団体を取り巻く環境が，インターネット，テレビ，新聞，雑誌などの各種媒体を通じて，競技者や指導者だけでなく，スポンサーや各スポーツファンなど，影響が及ぶ範囲が以前とは比べ物にならないほど広がっていることを意味します。その結果，以前と比べて近年のスポーツ団体には大きな社会的責任があると指摘されるようになってきています。

　社会においてスポーツ界が注目されることはスポーツに携わる者からして歓迎されるべきことです。しかしその反面，スポーツ界が社会に与える影響の増大から，危機発生時のスポーツ団体の判断や発表のみならず，ひいては日頃の運営姿勢に至るまでが注目を浴びるようになっているとともに，非常に大きな社会的責任が伴うようになっています。

　ゆえに，スポーツ団体が期待される社会的責任を果たせない場合には，社会全体からの大きな批判にさらされることになり，スポーツの強化，普及というスポーツ団体の目的そのものに大きなマイナスになりかねません。

　もしも危機管理の重要性を理解しておらず不適切な対応を行ってしまった場合は，マスコミを通じての社会全体に対するイメージの悪化，競技の人気低下，さらには競技人口や観客・ファンの減少，スポンサーとの契約打ち切りなど，競技そのものの将来性が危ぶまれることになりかねません。逆に，この社会的責任を果たすことができれば，社会からの信頼を獲得し，競技の強化・普及につなげていくことができます。

　このように「危機管理」とは，万が一の場合にもスポーツ団体が社会的責任を果たし社会からの信頼を損なうことなく，競技の強化・普及を行っていくために備えていなければならない重要な機能なのです。

▶ 3. 危機管理の取り組み

　スポーツ団体を運営していく中で，各種ハラスメントや不正経理，あるいはドーピング問題といった組織構成員や選手の不祥事，組織と選手間での係争など，「危機」が発生した際に，組織として行うべき一般的な危機管理対応は以下のとおりです。

　まず，事実関係を正しく把握するための「調査」を行います。ここでは，事実関係を明らかにするとともに原因を究明します。次に，判明した事実関係および原因に基づき，適切な「処分」を下します。そして，「再発防止」にむけての教育・啓発活動やガイドラインの作成を行います。これらの対応をとりながら，「広報」を通じて適切に外部組織や社会とのコミュニケーションを行うことが求められます。

　ここでは，これら「(1) 調査」，「(2) 処分」，「(3) 再発防止」，「(4) 広報」について，組織がとるべき対策について具体的な事例を交えて示します（図表 18 - 2）。

図表 18 - 2　危機管理の取り組み

①調査　②処分　③再発防止
④広報

(1) 調査

　不祥事が発生した場合には，まず事実関係を把握し，原因を究明して，判明した事実関係および原因に基づいた適切な対応をとることが必要となります。

　調査活動を組織として行うにあたって，まずとるべき行動は不祥事を起こした本人や関係者から詳細な事情聴取を行うことです。事案によっては客観

性や専門性が必要となる場合があるため,組織から独立した外部の有識者(弁護士,公認会計士,税理士,大学教員等)が関与して調査を行う事を検討する必要があります。また,事案の内容や規模によっては,そのような外部の有識者によって構成された第三者委員会に調査を委ねることもあります。なぜなら不正や不祥事が発生するとき,多くのケースでは,組織的な関与があり役員等との上下関係,従来の人間関係などにより十分な調査ができない可能性が高く,ずさんな調査結果では,調査結果に基づいた処分や再発防止への取り組みが疎かになるばかりでなく,組織として社会からの信頼を失ってしまうからです。

(2) 処分

調査の結果,問題となる不祥事の社会的非難の程度や事案の性質によっては,スポーツ団体として不祥事を起こした本人に対して処分を行うことになります。

処分の内容によっては,処分の対象者にとって著しい不利益をもたらすため,一方的に処分を下すのではなく,直接本人からの言い分を聞いた上で,本人に弁明の機会を与える必要があります。また,処分を決定する上で重要なことは,問題となっている行為と処分の均衡です。事案に比べて,過度に厳しい(あるいは甘い)処分を下すことは,処分の適正さに疑いを生じさせることに繋がります。処分を決めるにあたっては,過去の事例を参考にしたり,調査の場合と同様に当該団体外の有識者の関与を検討したりする必要があります。

処分を課す際には,処分の対象者に対して,処分の内容とその理由を直接説明する必要があります。さらに,当事者が処分に対して不服がある場合には,処分の適法性・妥当性について,構成・中立な立場にある第三者の判断を仰ぐ機会が与えられる必要があります。

(3) 再発防止

不祥事が発生し，その事実関係および原因が判明した後には，組織として今後同じようなことを起こさないように対策を講じる必要があります。すなわち，勉強会や研修の実施などによる教育啓発活動，ガイドラインの作成，相談窓口の設置などです。

調査結果により明らかとなった事実関係や原因に基づき，再発防止に向けての手段を検討し実施していく必要があります。当然，一過性の対応ではなく，二度と再発しないよう継続的に実施しなければなりません。万が一，同様の不祥事が繰り返される場合は，組織としてのリスクマネジメントが不十分であるとして社会からの信頼を失いかねません。

(4) 広報

危機発生時に組織がとるべき行動として，広く社会一般とのコミュニケーション手段として，対外的な広報を行う必要があります。社会を構成する一組織として，これまで述べてきた活動全般，すなわち調査結果，処分内容，原因と再発防止策のそれぞれにおいて組織としての姿勢・対応を表明し説明することが求められます。

前述したように，今日のスポーツ界が社会に与える影響は年々影響力を増しており，比例して社会からの関心も増してきています。社会に対して適切な姿勢・対応を示し，危機下においても社会からの信頼を維持していくことが，将来のスポーツ界の普及・発展に繋がります。

広報活動を行うにあたって，事実関係を公表する場合には，処分の対象者や被害者のプライバシーに十分に配慮する必要があります。また，刑事事件に発展し，捜査が進行中の場合には，捜査機関から情報を公開しないように求められる場合もあります。

Column　スポーツ・インテグリティ

> スポーツには世界を変える力がある。
> 人々にインスピレーションを与え，団結させる力がある。
> ほかの何かには，まずできない方法で
> ネルソン・マンデラ

　FIFAワールドカップ2014や2012年ロンドンオリンピック・パラリンピックの盛り上がりは記憶に新しいと思います。このような国際的なスポーツイベントは，人々に感動を与えるのみならず，さまざまな価値をもたらします。開催国のインフラ整備，雇用増加といった経済的価値や，国際相互理解の促進や開催国のブランディングイメージの向上といった社会的価値などが思い浮かびます。

　その一方で，スポーツの価値を毀損する行為もメディア等で大きく取り上げられるようになっています。例えば，ドーピングによるメダルの剥奪や，サポーターによる人種差別，指導者による暴力やハラスメント問題などです。このような不正行為はスポーツ団体および多くの関係者に悪影響を与え，スポーツの印象を悪くし，社会問題としても大きく注目されています。

　このような状況の中で，スポーツ団体に関係する人々は，これらの不正行為からスポーツの価値を守らなければなりません。ここで，これらの不正行為からスポーツの高潔性や完全性を護り，スポーツの価値を高めていくことを「Integrity of Sport（スポーツ・インテグリティ）」と呼び，世界のスポーツ界において注目されています。スポーツ・インテグリティの重要性は，近年日本においても関心が高まっており，2014（平成26）年4月には，日本スポーツ振興センターがスポーツの根幹を否定するさまざまな脅威（暴力，ハラスメント，ドーピング，八百長，ガバナンス欠如，人種差別等）からスポーツを守るための活動を推進しているユニットであるスポーツ・インテグリティ・ユニットを設置しました。

　日本スポーツ振興センターは2014（平成26）年5月にスポーツの高潔性，スポーツの価値を守ることを目的として，国際サッカー連盟（以下，FIFA）との連携協力に合意し，さらに同年6月には，FIFAの協力により，シンポジウム「Integrity of Sportを考える」を開催しました。

このように，世界においてもスポーツ・インテグリティの重要性が認識されており，その中でも特に，東京オリンピック・パラリンピックやラグビーワールドカップといったメガスポーツイベントを迎えるにあたり，日本においてはよりいっそうスポーツ・インテグリティの重要性を浸透させ実行していく必要があります。

それでは，スポーツ・インテグリティを守るために，スポーツ団体は何をするべきなのでしょうか。ここではスポーツ基本法に立ち返って考えてみましょう。具体的には，スポーツ法で求められている，スポーツ団体の運営の透明性の確保ができているかどうか考えてみましょう。皆さんとかかわりのあるスポーツ団体を思い浮かべてください。そして以下の問いに答えてみてください。

- 意思決定機関は形成されていますか？
- 計画は戦略的に練られていますか？
- 会計はきちんと報告されていますか？
- 人材の管理は適切ですか？
- 規程が整備されていますか？
- 危機管理ができていますか？

列挙した項目は，2012（平成24）年3月にWIPジャパン株式会社が作成した文部科学省委託調査である，「スポーツ政策調査研究（ガバナンスに関する調査研究）」に記載されているガバナンス自己診断ツール（Things to Think About；TTTA）を参考にしたものです。

まずは，皆さんの関与するスポーツ団体の組織がどうなっているか現状をきちんと認識した上で，1つひとつ課題を明確にして着手する必要があると思われます。

スポーツ団体の現状の実務において，人員や予算に限りがある中で，どこまで何をできるかは慎重に検討する必要があるでしょう。しかし，スポーツに対しての社会的意識，国民の関心が高まっている中で，初めから実務的な限界を理由に努力を怠れば，何かが起こったときには国民から厳しい目を向けられることを，スポーツ団体に係るすべての人が改めて認識する必要があります。

冒頭で引用したネルソン・マンデラ元南アフリカ共和国大統領の言葉にもあるとおり，スポーツには世界を変える力が確かにあると信じます。しかし，スポーツ

の力が大きければ大きいほど，スポーツ・インテグリティへの脅威も大きくなり，誤った方向にスポーツを利用される可能性も高くなります。今やスポーツに関連して何十億円，何百億円という規模での金額が一度に動くことも日常的で，利害関係が複雑に絡むこともあり得ます。その結果，一部の利得のために，スポーツが不正行為によって汚されてしまうおそれもあるのです。そのような事態からスポーツを守るために，スポーツは常に高潔で，完全なものでなければなりません。スポーツ団体に求められる役割もまた大きくなってきています。だからこそ，スポーツ・インテグリティを守るために取り組む前提として，スポーツ基本法に謳われている「スポーツ団体の運営の透明性の確保」という足元を固める必要があるのではないでしょうか。

■参考文献

東京海上日動リスクコンサルティングHP
日本スポーツ仲裁機構HP

第Ⅴ部 スポーツ団体の健全な運営のために

あとがき

　2020年のオリンピック開催が決まり，日本におけるスポーツ界への注目が日々高まってきていることを本書の読者も実感されているのではないかと思われます。また，国際オリンピック委員会（IOC）から発表されたAgenda 2020は，今後のオリンピックのあり方を提示していますが，スポーツのあり方について考えるにあたり，非常に参考になるものと考えられます。本書の第Ⅰ部でも解説していますように，スポーツはわれわれの生活，社会，経済，文化にとって重要な社会的意義があり，それは日本国内のみならず国際社会とのかかわりにおいても意義をもっています。

　スポーツにおいてその主役は実際にスポーツを行うアスリートですが，アスリートだけではスポーツの意義の実現は難しく，その活動を支えるスポーツ団体の役割はきわめて重要なものであると思われます。国際化が進んだ現在のスポーツ界において，その重要性は益々強くなっており，スポーツ団体が適切に存続し機能し続けないかぎり，日本におけるスポーツの継続的な振興が実現せず，スポーツの社会的意義が具体化することが難しくなってきているのではないでしょうか。

　スポーツ団体の適切な存続・機能を担保していくためには，一般のビジネス同様，適切な管理またはマネジメントが必要になりますが，スポーツ団体においても「ヒト（人材）」，「モノ（資産）」，「カネ（財務）」の資源の管理を適切に行うことが不可欠となります。大きな物的資産をあまり有しないスポーツ団体においては，人材と財務の管理が特に重要となってくると考えられます。

　スポーツ団体の財務の管理の中心は，一般の企業と同様に，a) 適切かつ健全な会計・報告を行うことと，b) 適切な予算・資金・損益の管理を行うことではないかと考えられます。

　管理というととかく義務的なイメージが付きまといますが，スポーツ団体

において財務の管理を適切に行うことは，
①正しい情報に基づき団体の健全運営に必要な意思決定を適切に行うこと
②適切な報告と管理により関係者からの信頼を確保し継続的な支援・支持を得ること
③適切な情報を活用して効率的な団体の運営等を可能とすること
などを可能とし，団体の目的であるスポーツ，特定競技の普及・発展，青少年の教育，健康増進等を実現するための活動が今まで以上に十分に行えるようにすることが，最終的な到達点となります。

　本書は，財務のエキスパートを数多く擁する新日本有限責任監査法人においてスポーツをこよなく愛する若手中心のメンバーが，スポーツの益々の発展に貢献したいとの思いから執筆しております（今回は著者紹介のページにもありますように総勢26名が参画しております）。財務の管理に重点をおいて，そのベースとなる組織運営のあり方，適切な会計，予算・資金・損益管理，報告，税務，健全な運営のルール・規定，不正防止，危機管理等の基本的な項目についてそれぞれ解説しています。リソースが限られボランティアなどに支えられているスポーツ団体で，これらすべてを理解し実践していくには，大変な努力が必要かもしれません。しかしながら，本書の読者には，これらをスポーツ団体として遵守すべき義務としてとらえるのでなく，せひとも，その目的のより高い水準での実現に向けた手段であると受け止めて活用してもらえますと，本書の執筆者の努力も報われるものと思われます。

　本書の出版にご協力いただいた皆様に御礼を申し上げるとともに，本書が，日本のスポーツ界のさらなる発展に少しでも役立ち，日本のスポーツ界に素晴らしい未来が訪れることを願い，あとがきとさせていただきます。

新日本有限責任監査法人
スポーツ事業支援室
室長　松村直季

付録

付録 A　主なスポーツ団体一覧

	日本体育協会加盟団体		
1	(財)日本陸上競技連盟（JAAF）	40	(社)日本馬術連盟（JEF）
2	(財)日本サッカー協会（JFA）	41	(財)全日本柔道連盟（AJJF）
3	(財)日本テニス協会（JTA）	42	(財)日本バドミントン協会（NBA）
4	(社)日本ホッケー協会（JHA）	43	(社)日本ライフル射撃協会（NRA）
5	(財)日本バレーボール協会（JVA）	44	(財)日本近代五種協会（MPAJ）
6	(財)日本バスケットボール協会（JBA）	45	(社)日本山岳協会（JMA）
7	(財)日本レスリング協会（JWF）	46	(社)全日本アーチェリー連盟（AJAF）
8	(社)日本ウエイトリフティング協会（JWA）	47	(財)日本アイスホッケー連盟（JIHF）
9	(財)日本自転車競技連盟（JCF）	48	(財)日本クレー射撃協会（JCTSA）
10	(財)日本卓球協会（JTTA）	49	(財)全日本ボウリング協会（JBC）
11	(財)日本相撲連盟（JSF）	50	(財)日本野球連盟（JABA）
12	(社)日本フェンシング協会（FJE）	51	(財)少林寺拳法連盟（SKU）
13	(財)日本ソフトボール協会（JSA）	52	(社)日本武術太極拳連盟（JWTF）
14	(財)全日本弓道連盟（ANKF）	53	(社)日本カーリング協会（JCA）
15	(財)全日本剣道連盟（AJKF）	54	(社)日本オリエンテーリング協会（JOA）
16	(財)日本ラグビーフットボール協会（JRFU）	55	(社)日本トライアスロン連合（JTU）
17	(社)日本カヌー連盟（JCF）	56	(社)日本エアロビック連盟（JAF）
18	(財)全日本空手道連盟（JKF）	57	(社)スポーツチャンバラ協会（JSCA）
19	(社)全日本銃剣道連盟（AJJF）	58	(社)日本チアリーディング協会（FJCA）
20	(財)全日本なぎなた連盟（AJNF）	準加盟	(社)日本アメリカンフットボール協会（JAFA）
21	(一社)日本ボブスレー・リュージュ・スケルトン連盟（JBLF）	準加盟	(特)日本ローラースポーツ連盟（JRSF）
22	(社)日本綱引連盟（JTWF）		
23	(財)日本ゲートボール連合（JGU）	準加盟	(社)日本ダンススポーツ連盟（JDSF）
24	(財)日本ゴルフ協会（JGA）		
25	(社)日本パワーリフティング協会（JPA）	関係	(財)日本障害者スポーツ協会（JSAD）
26	(財)日本グラウンド・ゴルフ協会（JGGA）	関係	(特)日本スポーツ芸術協会（JSAA）
27	(一財)日本バウンドテニス協会（JBTA）	関係	(社)日本女子体育連盟（JAPEW）
28	(社)日本近代五種・バイアスロン連合（MPBUJ）	関係	(財)日本中学校体育連盟（NJPA）
		関係	(財)全国高等学校体育連盟（AJHSAF）
29	(一財)日本ドッジボール協会（JDBA）	都道府県	47都道府県体育協会
30	(財)日本水泳連盟（JASF）		
31	(財)全日本スキー連盟（SAJ）		
32	(社)日本ボート協会（JRA）		
33	(社)日本ボクシング連盟（JABF）		
34	(財)日本体操協会（JGA）		
35	(財)日本スケート連盟（JSF）		
36	(財)日本セーリング連盟（JSF）		
37	(財)日本ハンドボール協会（JHA）		
38	(財)日本ソフトテニス連盟（JSTA）		
39	(財)全日本軟式野球連盟（JRBA）		

※関係：関係スポーツ団体

（財）：公益財団法人
（一財）：一般財団法人
（社）：公益社団法人
（一社）：一般社団法人
（独）：独立行政法人
（特）：特定非営利活動法人（NPO法人）

日本体育協会非加盟団体			
学生団体（例）			競技サポート団体（例）
1	日本学生陸上競技連合	1	(財)日本オリンピック協会（JOC）
2	日本学生オリエンテーリング連盟	2	(独)日本スポーツ振興センター（JSC）
3	全日本学生カヌー連盟	3	(財)日本アンチ・ドーピング機構（JADA）
4	日本グラススキー協会	4	(財)日本スポーツ仲裁機構（JSAA）
5	日本学生サーフィン連盟	5	(財)スポーツ医・科学研究所（SMS）
6	全国学生合気道連盟	6	(独)国立健康・栄養研究所
7	日本学生居合道連盟			
8	日本カポエィラ連盟		スポーツ学会（例）
9	日本学生相撲連盟	1	日本スポーツ産業学会
10	日本学生アメリカンフットボール協会	2	日本陸上競技学会
11	日本学生クリケット連盟	3	日本臨床スポーツ医学会
12	全日本大学サッカー連盟	4	日本体力医学会
13	全日本セパタクロー学生連盟	5	日本体育測定評価学会
14	全日本大学ソフトボール連盟	6	日本体育・スポーツ哲学会
15	全日本大学バスケットボール連盟	7	日本整形外科スポーツ医学会（JOSSM）
16	全日本大学バレーボール連盟	8	日本関節鏡・膝・スポーツ整形外科学会（JOSKAS）
17	日本学生ハンドボール連盟		
18	日本学生ホッケー連盟	9	日本学校保健学会（JASH）
		10	日本運動生理学会（JSESP）
プロスポーツ団体		11	日本フットボール学会（JSFF）
1	(財)日本相撲協会（NSK）	12	日本バイオメカニクス学会（JSB）
2	(一社)日本野球機構（NPB）	13	日本トレーニング科学会（JSTSES）
3	(社)日本プロゴルフ協会（PGA）		
4	(社)日本女子プロゴルフ協会（LPGA）		スポーツ振興団体（例）
5	(社)日本プロサッカーリーグ	1	(一社)日本スポーツツーリズム推進機構
6	日本プロボクシング協会	2	(財)スポーツ安全協会
7	(社)日本プロボウリング協会	3	(財)健康・体力づくり事業財団（健康ネット）
8	(社)日本ダンス議会	4	(財)体力つくり指導協会（APFPG）
9	株式会社日本レースプロモーション	5	(財)日本ウエルネス協会
10	新日本キックボクシング協会	6	(財)日本スポーツクラブ協会
11	日本中央競馬会（JRA）	7	(財)日本健康開発財団
12	地方競馬全国協会（NRA）	8	(社)日本フィットネス協会（JAFA）
13	(財)JKA（競輪・オートレース）	9	(特)ジュース（JWS）
14	(一財)日本モーターボート競走会	10	女性スポーツ財団日本支部（WSF Japan）
		11	(特)日本移植者スポーツ協会
		12	(特)日本医師ジョガーズ連盟（JMJA）
		13	(特)日本医師スポーツ協会

付録B　情報開示例

【2013年度Jリーグクラブ経営情報開示（J1）】

(百万円)

	仙台 2014年1月期	鹿島 2014年1月期	浦和 2014年1月期	大宮 2014年1月期	柏 2014年3月期	F東京 2014年1月期	川崎F 2014年1月期
■損益総括							
営業収入	2,429	4,122	5,786	3,228	3,412	3,545	3,214
広告料収入	901	1,864	2,319	2,296	1,947	1,422	1,702
入場料収入	757	748	2,132	341	646	788	540
Jリーグ配分金	225	235	258	214	204	206	218
アカデミー関連収入	88	269	15	142	71	422	164
その他収入	458	1,006	1,062	235	544	707	590
営業費用	2,431	4,081	5,633	3,226	3,380	3,482	3,170
チーム人件費	1,169	1,701	2,016	1,606	2,118	1,637	1,557
試合関連経費	144	384	497	226	198	373	174
トップチーム運営経費	189	310	434	472	266	284	262
アカデミー運営経費	68	166	102	68	40	255	75
女子チーム運営経費	56	0	62	0	0	0	0
販売費及び一般管理費	805	1,520	2,522	854	758	933	1,102
営業利益（▲損失）	▲2	41	153	2	32	63	44
営業外収益	30	47	12	9	16	29	2
営業外費用	1	2	3	10	35	3	0
経常利益（▲損失）	27	86	161	1	13	89	46
特別利益	0	0	0	0	0	0	0
特別損失	0	0	0	0	0	0	0
税引前当期利益（▲損失）	27	86	161	1	13	89	46
法人税及び住民税	18	8	69	1	10	22	25
当期純利益（▲損失）	9	78	92	0	3	67	21

	仙台	鹿島	浦和	大宮	柏	F東京	川崎F
■貸借対照表							
資産　流動資産	630	925	562	324	182	1,839	807
固定資産等	578	1,214	717	912	2,056	118	434
資産の部　合計	1,208	2,139	1,279	1,236	2,238	1,957	1,241
負債　流動負債	180	455	574	587	1,232	560	495
固定負債	347	94	86	638	9	0	112
負債の部　合計	527	549	659	1,225	1,241	560	607
資本　資本金	454	1,570	160	100	100	1,065	349
資本剰余金等	0	147	0	240	932	0	31
利益剰余金	227	▲127	460	▲329	▲35	332	255
資本（純資産）の部　合計	681	1,590	620	11	997	1,397	635

(百万円)

		横浜FM	湘南	甲府	新潟	清水	磐田	名古屋
		2014年1月期	2014年1月期	2014年1月期	2013年12月期	2014年1月期	2014年3月期	2014年1月期
■損益総括								
営業収入		4,315	1,191	1,481	2,548	3,084	3,298	4,226
	広告料収入	1,513	387	683	963	1,219	1,645	2,457
	入場料収入	1,069	263	403	674	523	446	736
	Jリーグ配分金	228	191	208	215	225	206	221
	アカデミー関連収入	455	0	36	143	319	249	258
	その他収入	1,048	350	151	553	798	752	555
営業費用		4,306	1,211	1,460	2,636	3,140	3,233	4,304
	チーム人件費	1,701	530	707	1,077	1,251	1,369	2,348
	試合関連経費	341	82	101	283	208	328	283
	トップチーム運営経費	443	98	172	277	228	253	448
	アカデミー運営経費	314	0	21	128	197	182	191
	女子チーム運営経費	0	0	0	39	0	0	0
	販売費及び一般管理費	1,506	501	459	832	1,256	1,101	1,034
営業利益（▲損失）		9	▲20	21	▲88	▲56	65	▲78
	営業外収益	3	12	9	148	19	23	24
	営業外費用	12	3	6	9	2	5	4
経常利益（▲損失）		0	▲11	24	51	▲39	83	▲58
	特別利益	1,000	0	7	0	0	0	0
	特別損失	0	0	20	0	0	1	0
税引前当期利益（▲損失）		1,000	▲11	11	51	▲39	82	▲58
法人税及び住民税		0	0	8	22	1	37	20
当期純利益（▲損失）		1,000	▲11	3	29	▲40	45	▲78

■貸借対照表		横浜FM	湘南	甲府	新潟	清水	磐田	名古屋
資産	流動資産	1,711	248	354	561	333	758	254
	固定資産等	67	90	214	344	707	528	335
	資産の部 合計	1,778	338	568	905	1,041	1,286	589
負債	流動負債	2,301	259	237	340	380	486	403
	固定負債	155	59	36	110	163	62	172
	負債の部 合計	2,456	318	273	450	544	548	575
資本	資本金	31	630	367	712	550	679	400
	資本剰余金等	0	260	0	0	0	0	0
	利益剰余金	▲708	▲870	▲72	▲257	▲53	59	▲386
	資本(純資産)の部 合計	▲677	20	295	455	496	738	14

187

(百万円)

	C大阪 2014年1月期	広島 2014年1月期	鳥栖 2014年1月期	大分 2014年1月期	J1総合計	J1平均
■損益総括						
営業収入	3,213	3,198	1,704	1,406	55,400	3,078
広告料収入	1,499	1,373	632	680	25,502	1,417
入場料収入	954	541	548	370	12,479	693
Jリーグ配分金	220	232	234	202	3,942	219
アカデミー関連収入	0	99	74	48	2,852	158
その他収入	540	953	216	106	10,625	590
営業費用	3,201	3,072	2,039	1,191	55,196	3,066
チーム人件費	1,212	1,449	1,012	556	25,017	1,390
試合関連経費	464	263	273	75	4,698	261
トップチーム運営経費	652	279	129	144	5,340	297
アカデミー運営経費	0	126	23	70	2,026	113
女子チーム運営経費	0	0	0	2	159	9
販売費及び一般管理費	873	954	602	344	17,956	998
営業利益（▲損失）	12	126	▲335	215	204	11
営業外収益	0	26	38	13	460	26
営業外費用	4	5	0	6	110	6
経常利益（▲損失）	8	147	▲297	222	553	31
特別利益	0	0	0	0	1,007	56
特別損失	0	0	0	1	22	1
税引前当期利益（▲損失）	8	147	▲297	221	1,538	85
法人税及び住民税	2	17	2	0	262	15
当期純利益（▲損失）	6	130	▲299	221	1,276	71

■貸借対照表		C大阪	広島	鳥栖	大分
資産	流動資産	470	851	159	186
	固定資産等	314	283	58	55
	資産の部　合計	784	1,134	217	241
負債	流動負債	539	455	403	375
	固定負債	60	54	22	231
	負債の部　合計	599	509	425	606
資本	資本金	315	220	605	2
	資本剰余金等	0	52	454	0
	利益剰余金	▲130	353	▲1,266	▲366
	資本(純資産)の部　合計	185	625	▲207	▲364

付録

【公益財団法人 日本陸上競技連盟
第3期（2013年4月1日から2014年3月31日まで）財務書類（一部）】

貸借対照表
2014年3月31日現在

公益財団法人　日本陸上競技連盟　　　　　　　　　　　　　　　　　　　　　　（単位：円）

科目	当年度	前年度	増減
Ⅰ 資産の部			
1. 流動資産			
現金預金	569,124,874	352,780,592	216,344,282
未収入金	170,689,063	235,753,515	△65,064,452
立替金	2,988,226	495,478	2,492,748
仮払金	700,200	0	700,200
前払費用	1,731,585	1,686,320	45,265
貯蔵品	5,304,522	952,380	4,352,142
未収消費税等	0	7,504,903	△7,504,903
貸倒引当金	△1,052,504	△1,423,138	370,634
流動資産合計	749,485,966	597,750,050	151,735,916
2. 固定資産			
（1）基本財産			
基本財産引当預金	800,000,000	898,892,000	△98,892,000
基本金引当有価証券	400,000,000	301,108,000	98,892,000
基本財産合計	1,200,000,000	1,200,000,000	0
（2）特定資産			
NTC陸上競技場改修引当預金	150,000,000	150,000,000	0
国際競技会誘致引当預金	250,000,000	250,000,000	0
主催事業等引当預金	102,806,662	102,806,662	0
退職給付引当預金	87,695,956	95,754,462	△8,058,506
加盟団体法人化引当預金	8,000,000	16,000,000	△8,000,000
事務所移転等引当預金	780,000,000	730,000,000	50,000,000
特定資産合計	1,378,502,618	1,344,561,124	33,941,494
（3）その他固定資産			
建物附属設備	10,409,566	11,670,661	△1,261,095
什器備品	18,259,823	21,615,948	△3,356,125
差入保証金	11,235,224	11,235,224	0
商標権	0	175,000	△175,000
ソフトウェア	21,876,715	30,609,195	△8,732,480
長期貸付金	0	940,800	△940,800
その他固定資産合計	61,781,328	76,246,828	△14,465,500
固定資産合計	2,640,283,946	2,620,807,952	19,475,994
資産合計	3,389,769,912	3,218,558,002	171,211,910
Ⅱ 負債の部			
1. 流動負債			
未払金	74,674,837	73,468,068	1,206,769
預り金	1,381,447	2,944,283	△1,562,836
仮受金	858,170	1,597,408	△739,238
賞与引当金	7,942,800	8,670,200	△727,400
未払消費税等	11,411,613	0	11,411,613
流動負債合計	96,268,867	86,679,959	9,588,908
2. 固定負債			
退職給付引当金	87,695,956	95,754,462	△8,058,506
固定負債合計	87,695,956	95,754,462	△8,058,506
負債合計	183,964,823	182,434,421	1,530,402
Ⅲ 正味財産の部			
1. 指定正味財産			
指定正味財産合計	0	0	0
2. 一般正味財産	3,205,805,089	3,036,123,581	169,681,508
（うち基本財産への充当額）	(1,200,000,000)	(1,200,000,000)	(0)
（うち特定資産への充当額）	(1,290,806,662)	(1,248,806,662)	(42,000,000)
正味財産合計	3,205,805,089	3,036,123,581	169,681,508
負債及び正味財産合計	3,389,769,912	3,218,558,002	171,211,910

貸借対照表内訳表
2014年3月31日現在

公益財団法人　日本陸上競技連盟

(単位：円)

科目	公共事業会計	法人会計	内部取引消去	合計
I　資産の部				
1. 流動資産				
現金預金	536,710,239	32,414,635	0	569,124,874
未収入金	170,689,063	0	0	170,689,063
立替金	2,988,226	0	0	2,988,226
仮払金	700,200	0	0	700,200
前払費用	0	1,731,585	0	1,731,585
貯蔵品	5,304,522	0	0	5,304,522
貸倒引当金	△1,052,504	0	0	△1,052,504
流動資産合計	715,339,746	34,146,220	0	749,485,966
2. 固定資産				
(1) 基本財産				
基本財産引当預金	400,000,000	400,000,000	0	800,000,000
基本金引当有価証券	200,000,000	200,000,000	0	400,000,000
基本財産合計	600,000,000	600,000,000	0	1,200,000,000
(2) 特定資産				
NTC陸上競技場改修引当預金	150,000,000	0	0	150,000,000
国際競技会誘致引当預金	250,000,000	0	0	250,000,000
主催事業等引当預金	102,806,662	0	0	102,806,662
退職給付引当預金	0	87,695,956	0	87,695,956
加盟団体法人化引当預金	8,000,000	0	0	8,000,000
事務所移転等引当預金	780,000,000	0	0	780,000,000
特定資産合計	1,290,806,662	87,695,956	0	1,378,502,618
(3) その他固定資産				
建物附属設備	10,409,566	0	0	10,409,566
什器備品	18,058,800	201,023	0	18,259,823
差入保証金	0	11,235,224	0	11,235,224
ソフトウェア	21,365,951	510,764	0	21,876,715
その他固定資産合計	49,834,317	11,947,011	0	61,781,328
固定資産合計	1,940,640,979	699,642,967	0	2,640,283,946
資産合計	2,655,980,725	733,789,187	0	3,389,769,912
II　負債の部				
1. 流動負債				
未払金	71,526,898	3,147,939	0	74,674,837
預り金	349,407	1,032,040	0	1,381,447
仮受金	858,170	0	0	858,170
賞与引当金	0	7,942,800	0	7,942,800
未払消費税等	0	11,411,613	0	11,411,613
流動負債合計	72,734,475	23,534,392	0	96,268,867
2. 固定負債				
退職給付引当金	0	87,695,956	0	87,695,956
固定負債合計	0	87,695,956	0	87,695,956
負債合計	72,734,475	111,230,348	0	183,964,823
III　正味財産の部				
1. 指定正味財産				
指定正味財産合計	0	0	0	0
2. 一般正味財産	2,583,246,250	622,558,839	0	3,205,805,089
(うち基本財産への充当額)	(600,000,000)	(600,000,000)		(1,200,000,000)
(うち特定資産への充当額)	(1,290,806,662)	(0)		(1,290,806,662)
正味財産合計	2,583,246,250	622,558,839	0	3,205,805,089
負債及び正味財産合計	2,655,980,725	733,789,187	0	3,389,769,912

正味財産増減計算書
2013年4月1日から2014年3月31日まで

公益社団法人　日本陸上競技連盟　　　　　　　　　　　　　　　　　　　　　　　　　（単位：円）

科目	当年度	前年度	増減
Ⅰ 一般正味財産増減の部			
1. 経常増減の部			
(1) 経常収益			
基本財産運用収益	[7,831,788]	[4,004,838]	[3,826,950]
基本財産運用収益	7,831,788	4,004,838	3,826,950
登録料受入収益	[24,218,950]	[21,930,000]	[2,288,950]
一般	8,366,500	-	-
学連	1,857,200	-	-
高校	5,638,950	-	-
中学	8,356,300	-	-
分担金受入収益	[4,700,000]	[4,700,000]	[0]
分担金受入収益	4,700,000	4,700,000	0
受取寄付金	[2,000,000]	[452,200,000]	[△450,200,000]
受取寄付金	2,000,000	452,200,000	△450,200,000
受取委託金・助成金	[223,852,640]	[188,944,200]	[34,908,440]
JOC受取委託金	86,185,650	100,813,860	△14,628,210
スポーツ振興基金受取助成金	6,222,000	0	6,222,000
体協委託金受取助成金	896,990	977,340	△80,350
スポーツくじ受取助成金	112,976,000	76,608,000	36,368,000
ニッポン復活プロジェクト受取助成金	17,572,000	10,545,000	7,027,000
事業収益	[1,618,751,831]	[1,363,877,095]	[254,874,736]
受取協賛金	1,490,676,251	1,245,940,747	244,735,504
広告料収益	625,811	619,049	6,762
参加料収益	19,625,890	21,375,107	△1,749,217
入場料収益	40,123,287	39,752,954	370,333
プログラム売上収益	3,679,240	4,210,383	△531,143
放送権料収益	43,333,334	38,333,334	5,000,000
受取助成金	6,721,420	5,165,867	1,555,553
販賦収益	(10,767,212)	(8,411,558)	(2,355,654)
審判員胸章	5,273,900	5,593,600	△319,700
審判員カード	1,797,500	0	1,797,500
S級バッチ	574,000	303,304	270,696
審判員手帳	2,086,500	1,439,700	646,800
審判員バッチ	1,035,312	624,954	410,358
ネクタイ（エンジ）	0	176,000	△176,000
ネクタイ（紺）	0	274,000	△274,000
その他の収益	3,199,386	68,096	3,131,290
その他事業収益	[59,370,017]	[66,277,114]	[△6,907,097]
器具検定料収益	(7,474,708)	(8,333,350)	(△858,642)
バトン	829,841	1,100,288	△270,447
砲丸	304,000	314,200	△10,200
円盤	188,200	301,200	△113,000
決勝柱	0	17,160	△17,160
バー	250,800	132,000	118,800
スタブロ	1,751,000	1,915,000	△164,000
走高バー止金具	169,800	173,100	△3,300
足止材	48,590	47,192	1,398
踏切板	505,077	348,838	156,239
ハンマー	300,000	306,400	△6,400
やり	299,200	726,400	△427,200
サークル	59,700	54,500	5,200

棒高バー止金具	10,000	40,000	△ 30,000
棒高跳用箱	43,500	51,472	△ 7,972
兼用サークル	17,500	40,600	△ 23,100
ハードル	2,595,000	2,660,000	△ 65,000
3000m 障害	92,500	90,000	2,500
やり円弧	10,000	15,000	△ 5,000
競技場公認料収益	(16,830,477)	(21,990,000)	(△ 5,159,523)
第一種新設	0	1,925,000	△ 1,925,000
第一種継続	3,200,000	5,880,000	△ 2,680,000
第二種新設	0	450,000	△ 450,000
第二種継続	3,910,000	2,760,000	1,150,000
第三種新設	150,000	1,300,000	△ 1,150,000
第三種継続	2,400,000	3,500,000	△ 1,100,000
第四種新設	150,000	100,000	50,000
第四種継続	895,477	525,000	370,477
長距離競走路新設	1,500,000	1,500,000	0
長距離競走路継続	2,450,000	1,750,000	700,000
長距離ハーフ以下新設	700,000	600,000	100,000
長距離ハーフ以下継続	1,300,000	1,600,000	△ 300,000
室内	75,000	75,000	0
投擲場公認料	100,000	25,000	75,000
ナンバーカード広告料収益	15,985,724	16,070,485	△ 84,761
後援名義使用料収益	14,300,000	16,000,000	△ 1,700,000
印税収益	2,477,194	1,800,596	676,598
販売手数料収益	301,914	82,683	219,231
陸上マガジン編集料収益	2,000,000	2,000,000	0
雑収益	[8,090,870]	[9,064,179]	[△ 973,309]
受取利息	441,456	390,513	50,943
雑収益	7,649,414	8,673,666	△ 1,024,252
経常収益計	1,948,816,096	2,110,997,426	△ 162,181,330
(2) 経常費用			
事業費	[1,682,044,380]	[1,779,579,567]	[△ 97,535,187]
旅費・交通費（国際）	78,568,140	92,583,508	△ 14,015,368
旅費・交通費（国内）	245,024,513	262,467,631	△ 17,443,118
諸謝金	24,786,028	17,762,944	7,023,084
諸謝金（国際）	1,227,964	0	1,227,964
大学補助金	350,000	350,000	0
高校補助金	5,800,000	33,550,000	△ 27,750,000
中学補助金	6,600,000	6,600,000	0
JOC 委託事業受取委託費	180,865,703	184,285,430	△ 3,419,727
スポーツ振興事業受取委託費	27,713,836	0	27,713,836
体協委託事業受取委託費	976,962	1,099,577	△ 122,615
スポーツ振興くじ助成事業受取委託費	138,335,274	93,746,168	44,589,106
競技強化支援事業助成委託費	52,002,945	22,420,619	29,582,326
地域支援金	57,010,000	82,340,000	△ 25,330,000
強化費	31,897,425	73,874,190	△ 41,976,765
会場設営・警備費	85,306,908	113,340,587	△ 28,033,679
通信費	8,002,813	1,298,096	6,704,717
印刷製本費	35,020,539	30,735,131	4,285,408
賃借料	51,647,463	65,279,098	△ 13,631,635
水道光熱費	1,449,866	441,097	1,008,769
主管料	13,333,334	18,095,239	△ 4,761,905
損害保険料	6,983,963	6,676,072	307,891
会議費	1,323,306	3,599,570	△ 2,276,264
支払手数料	11,264,103	11,090,423	173,680

	支払手数料	11,264,103	11,090,423	173,680
	広告宣伝費	6,503,519	5,227,935	1,275,584
	荷造配達費	5,595,941	4,389,389	1,206,552
	競技会費用負担金	282,105,608	293,422,485	△ 11,316,877
	コーチ分担金	1,657,144	5,244,762	△ 3,587,618
	業務委託料	122,904,031	142,086,901	△ 19,182,870
	備消品費	17,256,046	26,847,177	△ 9,591,131
	仕入商品代	(5,223,108)	(2,913,745)	(2,309,363)
	審判員胸章	2,439,040	1,483,200	955,840
	審判員カード	773,478	0	773,478
	S級バッチ	126,480	74,315	52,165
	審判員手帳	1,428,600	1,043,620	384,980
	審判員バッチ	455,510	312,610	142,900
	交際費	6,932,652	5,090,114	1,842,538
	雑費	6,318,666	9,310,425	△ 2,991,759
	雑費（国際）	1,890,674	4,089,703	△ 2,199,029
	給与・手当	101,009,155	101,384,270	△ 375,115
	賞与	14,185,552	16,337,521	△ 2,151,969
	賞与引当金繰入額	6,934,064	7,657,520	△ 723,456
	退職給付引当金繰入額	7,138,600	8,152,441	△ 1,013,841
	法定福利費	18,409,006	18,328,411	80,595
	減価償却費	12,489,529	7,461,388	5,028,141
管理費		[90,590,208]	[95,412,374]	[△ 4,822,166]
	給与・手当	14,694,344	13,407,703	1,286,641
	賞与	2,063,648	2,160,579	△ 96,931
	賞与引当金繰入額	1,008,736	1,012,680	△ 3,944
	退職給付引当金繰入額	1,038,490	1,078,131	△ 39,641
	法定福利費	2,678,057	2,423,866	254,191
	福利厚生費	1,181,975	1,046,548	135,427
	教育・研修費	290,478	1,026,427	△ 735,949
	加盟料	486,524	533,015	△ 46,491
	諸会費	249,071	214,839	34,232
	会議費	563,409	815,911	△ 252,502
	旅費交通費	10,101,183	9,980,334	120,849
	通信運搬費	(9,072,957)	(6,749,767)	(2,323,190)
	電話料金	3,943,409	4,345,513	△ 402,104
	運搬費	122,789	234,065	△ 111,276
	通信費	5,006,759	2,170,189	2,836,570
	減価償却費	1,586,354	722,176	864,178
	消耗品費	6,704,377	6,949,386	△ 245,009
	水道光熱費	210,920	58,334	152,586
	賃借料	4,087,099	3,949,115	137,984
	諸謝金	638,982	478,309	160,673
	租税公課	20,200	43,300	△ 23,100
	支払手数料	(13,210,075)	(10,720,107)	(2,489,968)
	銀行支払手数料	1,245,958	1,206,881	39,077
	派遣費	446,483	2,253,868	△ 1,807,385
	その他	11,517,634	7,259,358	4,258,276
	損害保険料	75,900	0	75,900
	業務委託費	4,220,261	6,277,461	△ 2,057,200
	印刷製本費	345,376	615,000	△ 269,624
	新聞図書費	254,614	289,828	△ 35,214
	交際費	2,140,094	716,752	1,423,342
	雑費	13,667,084	24,142,806	△ 10,475,722

	経常費用計	1,772,634,588	1,874,991,941	△102,357,353
	評価損益等調整前当期経常増減額	176,181,508	236,005,485	△59,823,977
	評価損益等計	0	0	0
	当期経常増減額	176,181,508	236,005,485	△59,823,977
2. 経常外増減の部				
(1) 経常外収益				
	経常外収益計	0	0	0
(2) 経常外費用				
	資産処分損	[0]	[4,026,214]	[△4,026,214]
	加盟団体寄付	[6,500,000]	[18,500,000]	[△12,000,000]
	経常外費用計	6,500,000	22,526,214	△16,026,214
	当期経常外増減額	△6,500,000	△22,526,214	16,026,214
	当期一般正味財産増減額	169,681,508	213,479,271	△43,797,763
	一般正味財産期首残高	3,036,123,581	2,822,644,310	213,479,271
	一般正味財産期末残高	3,205,805,089	3,036,123,581	169,681,508
II 指定正味財産増減の部				
	当期指定正味財産増減額	0	0	0
	指定正味財産期首残高	0	0	0
	指定正味財産期末残高	0	0	0
III 正味財産期末残高		3,205,805,089	3,036,123,581	169,681,508

付録

正味財産増減計算書内訳表
2013年4月1日から2014年3月31日まで

公益社団法人　日本陸上競技連盟　　　　　　　　　　　　　　　　　　　　　　　　　（単位：円）

科目	公益事業会計	法人会計	内部取引消去	合計
Ⅰ　一般正味財産増減の部				
1. 経常増減の部				
(1) 経常収益				
基本財産運用収益	[3,915,894]	[3,915,894]	[0]	[7,831,788]
基本財産運用収益	3,915,894	3,915,894	0	7,831,788
登録料受入収益	[24,218,950]	[0]	[0]	[24,218,950]
一般	8,366,500	0	0	8,366,500
学連	1,857,200	0	0	1,857,200
高校	5,638,950	0	0	5,638,950
中学	8,356,300	0	0	8,356,300
分担金受入収益	[4,700,000]	[0]	[0]	[4,700,000]
分担金受入収益	4,700,000	0	0	4,700,000
受取寄付金	[2,000,000]	[0]	[0]	[2,000,000]
受取寄付金	2,000,000	0	0	2,000,000
受取委託金・助成金	[223,852,640]	[0]	[0]	[223,852,640]
JOC受取委託金	86,185,650	0	0	86,185,650
スポーツ振興基金受取助成金	6,222,000	0	0	6,222,000
体協委託金受取助成金	896,990	0	0	896,990
スポーツくじ受取助成金	112,976,000	0	0	112,976,000
ニッポン復活プロジェクト受取助成金	17,572,000	0	0	17,572,000
事業収益	[1,532,470,798]	[86,281,033]	[0]	[1,618,751,831]
受取協賛金	1,404,395,218	86,281,033	0	1,490,676,251
広告料収益	625,811	0	0	625,811
参加料収益	19,625,890	0	0	19,625,890
入場料収益	40,123,287	0	0	40,123,287
プログラム売上収益	3,679,240	0	0	3,679,240
放送権料収益	43,333,334	0	0	43,333,334
受取助成金	6,721,420	0	0	6,721,420
販売収益	(10,767,212)	(0)	(0)	(10,767,212)
審判員胸章	5,273,900	0	0	5,273,900
審判員カード	1,797,500	0	0	1,797,500
S級バッチ	574,000	0	0	574,000
審判員手帳	2,086,500	0	0	2,086,500
審判員バッチ	1,035,312	0	0	1,035,312
その他の収益	3,199,386	0	0	3,199,386
その他事業収益	[59,370,017]	[0]	[0]	[59,370,017]
器具検定料収益	(7,474,708)	(0)	(0)	(7,474,708)
バトン	829,841	0	0	829,841
砲丸	304,000	0	0	304,000
円盤	188,200	0	0	188,200
バー	250,800	0	0	250,800
スタブロ	1,751,000	0	0	1,751,000
走高バー止金具	169,800	0	0	169,800
足止材	48,590	0	0	48,590
踏切板	505,077	0	0	505,077
ハンマー	300,000	0	0	300,000
やり	299,200	0	0	299,200
サークル	59,700	0	0	59,700
棒高バー止金具	10,000	0	0	10,000
棒高跳用箱	43,500	0	0	43,500
兼用サークル	17,500	0	0	17,500

ハードル	2,595,000	0	0	2,595,000
3000m 障害	92,500	0	0	92,500
やり円弧	10,000	0	0	10,000
競技場公認料収益	(16,830,477)	(0)	(0)	(16,830,477)
第一種継続	3,200,000	0	0	3,200,000
第二種継続	3,910,000	0	0	3,910,000
第三種新設	150,000	0	0	150,000
第三種継続	2,400,000	0	0	2,400,000
第四種新設	150,000	0	0	150,000
第四種継続	895,477	0	0	895,477
長距離競走路新設	1,500,000	0	0	1,500,000
長距離競走路継続	2,450,000	0	0	2,450,000
長距離ハーフ以下新設	700,000	0	0	700,000
長距離ハーフ以下継続	1,300,000	0	0	1,300,000
室内	75,000	0	0	75,000
投擲場公認料	100,000	0	0	100,000
ナンバーカード広告料収益	15,985,724	0	0	15,985,724
後援名義使用料収益	14,300,000	0	0	14,300,000
印税収益	2,477,194	0	0	2,477,194
販売手数料収益	301,914	0	0	301,914
陸上マガジン編集料収益	2,000,000	0	0	2,000,000
雑収益	[7,697,589]	[393,281]	[0]	[8,090,870]
受取利息	88,878	352,578	0	441,456
雑収益	7,608,711	40,703	0	7,649,414
経常収益計	1,858,225,888	90,590,208	0	1,948,816,096
(2) 経常費用				
事業費	[1,682,044,380]	[0]	[0]	[1,682,044,380]
旅費・交通費（国際）	78,568,140	0	0	78,568,140
旅費・交通費（国内）	245,024,513	0	0	245,024,513
諸謝金	24,786,028	0	0	24,786,028
諸謝金（国際）	1,227,964	0	0	1,227,964
大学補助金	350,000	0	0	350,000
高校補助金	5,800,000	0	0	5,800,000
中学補助金	6,600,000	0	0	6,600,000
JOC委託事業受取委託費	180,865,703	0	0	180,865,703
スポーツ振興事業受取委託費	27,713,836	0	0	27,713,836
体協委託事業受取委託費	976,962	0	0	976,962
スポーツ振興くじ助成事業助成委託費	138,335,274	0	0	138,335,274
競技強化支援事業助成委託費	52,002,945	0	0	52,002,945
地域支援金	57,010,000	0	0	57,010,000
強化費	31,897,425	0	0	31,897,425
会場設営・警備費	85,306,908	0	0	85,306,908
通信費	8,002,813	0	0	8,002,813
印刷製本費	35,020,539	0	0	35,020,539
賃借料	51,647,463	0	0	51,647,463
水道光熱費	1,449,866	0	0	1,449,866
主管料	13,333,334	0	0	13,333,334
損害保険料	6,983,963	0	0	6,983,963
会議費	1,323,306	0	0	1,323,306
支払手数料	11,264,103	0	0	11,264,103
広告宣伝費	6,503,519	0	0	6,503,519
荷造配達費	5,595,941	0	0	5,595,941
競技会費用負担金	282,105,608	0	0	282,105,608
コーチ分担金	1,657,144	0	0	1,657,144
業務委託料	122,904,031	0	0	122,904,031

付録

業務委託料	122,904,031	0	0	122,904,031
備消品費	17,256,046	0	0	17,256,046
仕入商品代	(5,223,108)	(0)	(0)	(5,223,108)
審判員胸章	2,439,040	0	0	2,439,040
審判員カード	773,478	0	0	773,478
Ｓ級バッチ	126,480	0	0	126,480
審判員手帳	1,428,600	0	0	1,428,600
審判員バッチ	455,510	0	0	455,510
交際費	6,932,652	0	0	6,932,652
雑費	6,318,666	0	0	6,318,666
雑費（国際）	1,890,674	0	0	1,890,674
給与・手当	101,009,155	0	0	101,009,155
賞与	14,185,552	0	0	14,185,552
賞与引当金繰入額	6,934,064	0	0	6,934,064
退職給付引当金繰入額	7,138,600	0	0	7,138,600
法定福利費	18,409,006	0	0	18,409,006
減価償却費	12,489,529	0	0	12,489,529
管理費	[0]	[90,590,208]	[0]	[90,590,208]
給与・手当	0	14,694,344	0	14,694,344
賞与	0	2,063,648	0	2,063,648
賞与引当金繰入額	0	1,008,736	0	1,008,736
退職給付引当金繰入額	0	1,038,490	0	1,038,490
法定福利費	0	2,678,057	0	2,678,057
福利厚生費	0	1,181,975	0	1,181,975
教育・研修費	0	290,478	0	290,478
加盟料	0	486,524	0	486,524
諸会費	0	249,071	0	249,071
会議費	0	563,409	0	563,409
旅費交通費	0	10,101,183	0	10,101,183
通信運搬費	(0)	(9,072,957)	(0)	(9,072,957)
電話料金	0	3,943,409	0	3,943,409
運搬費	0	122,789	0	122,789
通信費	0	5,006,759	0	5,006,759
減価償却費	0	1,586,354	0	1,586,354
消耗品費	0	6,704,377	0	6,704,377
水道光熱費	0	210,920	0	210,920
賃借料	0	4,087,099	0	4,087,099
諸謝金	0	638,982	0	638,982
租税公課	0	20,200	0	20,200
支払手数料	(0)	(13,210,075)	(0)	(13,210,075)
銀行支払手数料	0	1,245,958	0	1,245,958
派遣費	0	446,483	0	446,483
その他	0	11,517,634	0	11,517,634
損害保険料	0	75,900	0	75,900
業務委託費	0	4,220,261	0	4,220,261
印刷製本費	0	345,376	0	345,376
新聞図書費	0	254,614	0	254,614
交際費	0	2,140,094	0	2,140,094
雑費	0	13,667,084	0	13,667,084
経常費用計	1,682,044,380	90,590,208	0	1,772,634,588
評価損益等調整前当期経常増減額	176,181,508	0	0	176,181,508
評価損益等計	0	0	0	0
当期経常増減額	176,181,508	0	0	176,181,508

2. 経常外増減の部
　(1) 経常外収益

経常外収益計	0	0	0	0
(2) 経常外費用				0
加盟団体寄付	[6,500,000]	[0]	[0]	[6,500,000]
経常外費用計	6,500,000	0	0	6,500,000
当期経常外増減額	△6,500,000	0	0	△6,500,000
当期一般正味財産増減額	169,681,508	0	0	169,681,508
一般正味財産期首残高	2,413,564,742	622,558,839	0	3,036,123,581
一般正味財産期末残高	2,583,246,250	622,558,839	0	3,205,805,089
II 指定正味財産増減の部				
当期指定正味財産増減額	0	0	0	0
指定正味財産期首残高	0	0	0	0
指定正味財産期末残高	0	0	0	0
III 正味財産期末残高	2,583,246,250	622,558,839	0	3,205,805,089

付録

付録 C　損益管理ツール

資金繰り表

		4月	5月	6月	7月	8月	9月	10月	11月	12月	1月	2月	3月	合計
営業収入	入場料収入													0
	協賛金収入													0
	物品販売収入													0
	スクール事業収入													0
	その他													0
	合計 (A)	0	0	0	0	0	0	0	0	0	0	0	0	0
営業支出	チーム人件費													0
	試合運営費													0
	チーム運営費													0
	物品原価													0
	フロント人件費													0
	物件費													0
	その他													0
	合計 (B)	0	0	0	0	0	0	0	0	0	0	0	0	0
営業収支 (A-B)=G		0	0	0	0	0	0	0	0	0	0	0	0	0
営業外収入 (E)													0	0
営業外支出 (F)													0	0
経常収支 (G+E-F)=H		0	0	0	0	0	0	0	0	0	0	0	0	0
財務支出	○○銀行借入金返済													0
	合計 (C)	0	0	0	0	0	0	0	0	0	0	0	0	0
財務収入	○○銀行借入													0
	増資													0
	その他													0
	合計 (D)	0	0	0	0	0	0	0	0	0	0	0	0	0
当月収支 (H-D+C)=J		0	0	0	0	0	0	0	0	0	0	0	0	0
前月繰越 (K)														0
翌月繰越 (J+K)		0	0	0	0	0	0	0	0	0	0	0	0	0

付録D　ルール・規定事例

1．各スポーツ日本代表選手選考基準

スポーツ	選考基準
サッカー （ロンドン五輪）	代表監督の意思に基づき決定する。
陸上一般種目 （ロンドン五輪）	①参加標準記録Aを突破し、第13回世界陸上競技選手権大会（2011/テグ）で入賞した競技者の中で、各種目の日本選手最上位者1名を代表選手とする。 ②上記①項以外の選考については、参加標準記録Aを突破し、第96回日本陸上競技選手権大会で優勝した競技者を代表選手とする。 ③上記①②項以外の選考については、参加標準記録AあるいはBを突破し、第96回日本陸上競技選手権大会及びその他の選考競技会で上位入賞した競技者の中から、本大会で活躍が期待される競技者を代表選手とする。 ④リレー種目の出場要件を満たした場合、リレーの代表選手は、選考競技会の成績により選考するが、リレーの特性を考慮するものとする。＊1
陸上マラソン （ロンドン五輪）	①参加標準記録Aを突破し、第13回世界陸上競技選手権大会（2011/テグ）男女マラソンの3位以内入賞者の中で、日本選手各最上位者1名を代表とする。 ②上記①項以外の男女マラソン代表選手は、参加標準記録Aを突破し、各選考競技会の日本選手上位者の中から本大会で活躍が期待される競技者を代表選手とする。＊2
水泳 （ロンドン五輪）	選考会決勝において優勝及び2位でオリンピック派遣標準記録突破者は、自動的に選考される。＊3
柔道 （ロンドン五輪）	平成24年全日本選抜柔道選手権大会終了後に行われた強化委員会にて第30回オリンピック競技大会（2012/ロンドン）柔道競技の日本代表選手が協議され、決定する。＊4
バドミントン （ロンドン五輪）	オリンピック出場選手は、2012年5月3日付の世界バドミントン連盟（BWF）ランキングに基づき選出された。＊5
ウエイトリフティング （2014年世界選手権）	2013年アジアランキング（日本選手を除いた1ヵ国1階級2名のランキング）を作成し、それに日本選手の記録を当てはめ上位者を選考する。アジアランキングで上位であってもトータルの記録が下の階級を下回っている選手については1次的段階では代表として選考しない。アジア競技大会で出場する階級は原則として全日本選手権大会に出場した階級とする。但し、上の階級で出場した方が上位を望める場合は階級を変更することができる。＊6
フェンシング （2013年世界選手権）	1）2016年、2020年オリンピック競技大会でメダル獲得並びに十分な活躍が期待される選手、将来有望な選手の中から編成する。 2）行動規範を遵守し、フェンシング日本代表として相応しい選手・役員をもって編成する。＊7

＊1 公益財団法人日本陸上競技連盟HP
＊2 公益財団法人日本陸上競技連盟HP
＊3 JAPAN SWIM 2012
＊4 公益財団法人全日本柔道連盟HP
＊5 公益財団法人日本バドミントン協会
＊6 一般社団法人日本ウエイトリフティング協会
＊7 公益社団法人日本フェンシング協会

2. 公益財団法人日本サッカー協会 定款

第1章　総則
（名称）
第1条　この法人は、公益財団法人日本サッカー協会と称し、英文標記はJapan Football Association（略称JFA）とする。
（事務所）
第2条　この法人は、主たる事務所を東京都文京区に置く。

第2章　目的及び事業
（目的）
第3条　この法人は、日本サッカー界を統括し代表する団体として、サッカーを通じて豊なスポーツ文化を創造し、人々の心身の健全な発達と社会の発展に貢献することを目的とする。
（事業）
第4条　この法人は、前条の目的を達成するため、次の事業を行う。
　　（1）日本を代表する各年代、各カテゴリーのサッカーチームを組織し、各種競技会への参加及び代表チームが参加する競技会の開催
　　（2）サッカーの全日本選手権大会その他の競技会の開催
　　（3）サッカー選手の育成、サッカー競技の普及及びサッカーの指導者並びに審判員の育成
　　（4）選手、チーム、指導者及び審判員等の登録
　　（5）知的所有権の管理及び商標提供
　　（6）社会貢献及び国際貢献の実施
　　（7）その他この法人の目的を達成するために必要な事業
　2．前項の事業は、本邦及び海外において行うものとする。

第3章　国際サッカー連盟等への加盟
（国際サッカー連盟等への加盟）
第5条　この法人は、日本サッカー界を代表する唯一の団体として、国際サッカー連盟（Fédération Internationale de Football Association, 略称FIFA）、アジアサッカー連盟（Asian Football Confederation, 略称AFC）及び東アジアサッカー連盟（East Asian Football Federation, 略称EAFF）に加盟する。

第4章　加盟団体
（加盟団体）
第6条　各都道府県におけるサッカー界を統括し、その普及振興を行い、この法人の趣旨に賛同する団体（以下「都道府県サッカー協会」という。）は、理事会及び評議員会の議決を得て、加盟団体となることができる。
（資格喪失）
第7条　都道府県サッカー協会は、次の事由によって加盟団体の資格を喪失する。
　　（1）都道府県サッカー協会の解散
　　（2）除名
（除名）
第8条　都道府県サッカー協会が次の各号のいずれかに該当するときは、理事会及び評議員会の議決を得て、会長がこれを除名することができる。
　　（1）この法人の名誉を傷つけ、又はその目的に違反する行為のあったとさ

（2）分担金を滞納したとき
（その他）
第9条　都道府県サッカー協会に関する事項は別に定める。
（分担金）
第10条　都道府県サッカー協会は、毎年別に定める分担金を納入しなければならない。

第5章　資産及び会計
（基本財産）
第11条　この法人の目的である事業を行うために不可欠な別表の財産は、この法人の基本財産とする。
　　2　基本財産は、評議員会において別に定めるところにより、この法人の目的を達成するために善良な管理者の注意をもって管理しなければならず、基本財産の一部を処分しようとするとき及び基本財産から除外しようとするときは、あらかじめ理事会及び評議員会の承認を要する。
（事業年度）
第12条　この法人の事業年度は、毎年1月1日に始まり12月31日に終わる。
（事業計画及び収支予算）
第13条　この法人の事業計画書、収支予算書、資金調達及び設備投資の見込みを記載した書類については、毎事業年度開始の日の前日までに、会長が作成し、理事会の承認を受けなければならない。これを変更する場合も、同様とする。
（事業報告及び決算）
第14条　この法人の事業報告及び決算については、毎事業年度終了後、会長が次の書類を作成し、監事の監査を受けた上で、理事会の承認を経て、定時評議員会に提出し、第1号及び第2号の書類についてはその内容を報告し、第3号から第6号までの書類については承認を受けなければならない。
　　（1）事業報告
　　（2）事業報告の附属明細書
　　（3）貸借対照表
　　（4）損益計算書（正味財産増減計算書）
　　（5）貸借対照表及び損益計算書（正味財産増減計算書）の附属明細書
　　（6）財産目録
（公益目的取得財産残額の算定）
第15条　会長は、公益社団法人及び公益財団法人の認定等に関する法律（以下「認定法」という。）施行規則第48条の規定に基づき、毎事業年度、当該事業年度の末日における公益目的取得財産残額を算定するものとする。

第6章　評議員
（評議員の選出）
第16条　この法人には評議員47名以上60名以内を置く。
（評議員の選任及び解任）
第17条　評議員の選任及び解任は、一般社団法人及び一般財団法人に関する法律（以下「法人法」という。）第179条から第195条の規定に従い、評議員会において行う。
　　2．評議員を選任する場合には、次の各号の要件をいずれも満たさなければならない。
　　（1）各評議員について、次の①から⑥に該当する評議員の合計数が評議員の総数の3分の1を超えないものであること。

① 当該評議員及びその配偶者又は３親等内の親族
② 当該評議員と婚姻の届出をしていないが事実上婚姻関係と同様の事情にある者
③ 当該評議員の使用人
④ ②又は③に掲げる者以外の者であって、当該評議員から受ける金銭その他の財産によって生計を維持しているもの
⑤ ③又は④に掲げる者の配偶者
⑥ ②から④までに掲げる者の３親等内の親族であって、これらの者と生計を一にするもの
(2) 他の同一の団体（公益法人を除く。）の次の①から④に該当する評議員の合計数が評議員の総数の３分の１を超えないものであること。
① 理事
② 使用人
③ 当該他の同一の団体の理事以外の役員（法人でない団体で代表者又は管理人の定めのあるものにあっては、その代表者又は管理人）又は業務を執行する社員である者
④ 次に掲げる団体においてその職員（国会議員及び地方公共団体の議会の議員を除く。）である者
イ 国の機関
ロ 地方公共団体
ハ 独立行政法人通則法第２条第１項に規定する独立行政法人
ニ 国立大学法人法第２条第１項に規定する国立大学法人又は同条第３項に規定する大学共同利用機関法人
ホ 地方独立行政法人法第２条第１項に規定する地方独立行政法人
ヘ 特殊法人（特別の法律により特別の設立行為をもって設立された法人であって、総務省設置法第４条第１５号の規定の適用を受けるものをいう。）又は認可法人（特別の法律により設立され、かつ、その設立に関し行政官庁の認可を要する法人をいう。）

（評議員の任期）
第18条　評議員の任期は、選任後４年以内に終了する事業年度のうち最終のものに関する定時評議員会の終結の時までとする。
 ２．任期の満了前に退任した評議員の補欠として選任された評議員の任期は、退任した評議員の任期の満了する時までとする。
 ３．評議員は、第16条に定める定数に足りなくなるときは、任期の満了又は辞任により退任した後も、新たに選任された者が就任するまで、なお評議員としての権利義務を有する。

（評議員の報酬等）
第19条　評議員に対して、各年度の総額が2,000,000円を超えない範囲で、評議員会において別に定める報酬等の支給の基準に従って算定した額を、報酬として支給することができる。

第７章　評議員会
（権限）
第20条　評議員会は、次の事項について決議する。
(1) 理事及び監事の選任又は解任
(2) 理事及び監事の報酬等の額
(3) 評議員に対する報酬等の支給の基準

（4）貸借対照表及び損益計算書（正味財産増減計算書）の承認
　　　（5）定款の変更
　　　（6）残余財産の処分
　　　（7）基本財産の処分又は除外の承認
　　　（8）その他評議員会で決議するものとして法令又はこの定款で定められた事項
（開催）
第21条　評議員会は、定時評議員会として毎事業年度終了後3ヶ月以内に1回開催するほか、必要がある場合に開催する。
（招集）
第22条　評議員会は、法令に別段の定めがある場合を除き、理事会の決議に基づき会長が招集する。
　　2．評議員は、会長に対し、評議員会の目的である事項及び招集の理由を示して、評議員会の招集を請求することができる。
（決議）
第23条　評議員会の決議は、決議について特別の利害関係を有する評議員を除く評議員の過半数が出席し、その過半数をもって行う。
　　2．前項の規定にかかわらず、次の決議は、決議について特別の利害関係を有する評議員を除く評議員の3分の2以上に当たる多数をもって行わなければならない。
　　　（1）監事の解任
　　　（2）評議員に対する報酬等の支給の基準
　　　（3）定款の変更
　　　（4）基本財産の処分又は除外の承認
　　　（5）その他法令で定められた事項
　　3．理事又は監事を選任する議案を決議するに際しては、候補者ごとに第1項の決議を行わなければならない。理事又は監事の候補者の合計数が第25条に定める定数を上回る場合には、過半数の賛成を得た候補者の中から得票数の多い順に定数の枠に達するまでの者を選任することとする。
（議事録）
第24条　評議員会の議事については、法令で定めるところにより、議事録を作成する。
　　2．議長及び出席した評議員のうちから選出された議事録署名人2名以上が、前項の議事録に署名押印する。

第8章　役員
（役員の設置）
第25条　この法人に、次の役員を置く。
　　　（1）理事 20名以上30名以内
　　　（2）監事 3名以内
　　2．理事のうち1名を会長とする。また、会長を除き5名以内を副会長、1名を専務理事、若干名を常務理事とすることができる。
　　3．前項の会長を「法人法」上の代表理事とする。
　　4．第2項の副会長及び専務理事を「法人法」第91条第1項第2号の業務執行理事とする。
　　5．第2項の常務理事のうち理事会の決議によって選定された若干名を「法人法」第91条第1項第2号の業務執行理事とすることができる。
（役員の選任）
第26条　理事及び監事は、評議員会の決議によって選任する。

2．会長、副会長、専務理事及び常務理事は、理事会の決議によって理事の中から選定する。
（理事の職務及び権限）
第27条　理事は、理事会を構成し、法令及びこの定款で定めるところにより、職務を執行する。
　　2．会長は、法令及びこの定款で定めるところにより、この法人を代表し、その業務を執行し、業務執行理事は、理事会において別に定めるところにより、この法人の業務を分担執行する。
　　3．会長、業務執行理事及び常務理事は、常務理事会を構成する。
　　4．会長及び業務執行理事は、3ヶ月に1回以上、自己の職務の執行の状況を理事会に報告しなければならない。
（監事の職務及び権限）
第28条　監事は、理事の職務の執行を監査し、法令で定めるところにより、監査報告を作成する。
　　2．監事は、いつでも、理事及び使用人に対して事業の報告を求め、この法人の業務及び財産の状況の調査をすることができる。
（役員の任期）
第29条　理事の任期は、選任後2年以内に終了する事業年度のうち最終のものに関する定時評議員会の終結の時までとする。
　　2．監事の任期は、選任後2年以内に終了する事業年度のうち最終のものに関する定時評議員会の終結の時までとする。
　　3．補欠として選任された理事又は監事の任期は、前任者の任期の満了する時までとする。
　　4．理事又は監事は、第25条に定める定数に足りなくなるときは、任期の満了又は辞任により退任した後も、新たに選任された者が就任するまで、なお理事又は監事としての権利義務を有する。
（役員の解任）
第30条　理事又は監事が、次のいずれかに該当するときは、評議員会の決議によって解任することができる。
　　（1）職務上の義務に違反し、又は職務を怠ったとき。
　　（2）心身の故障のため、職務の執行に支障があり、又はこれに堪えないとき。
（役員の報酬等）
第31条　理事及び監事に対して、評議員会において別に定める総額の範囲内で、評議員会において別に定める報酬等の支給の基準に従って算定した額を報酬等として支給することができる。
（取引の制限）
第32条　理事が次に掲げる取引をしようとする場合は、その取引について重要な事実を開示し、理事会の承認を得なければならない。
　　（1）自己又は第三者のためにするこの法人の事業の部類に属する取引
　　（2）自己又は第三者のためにするこの法人との取引
　　（3）この法人がその理事の債務を保証することその他理事以外の者との間におけるこの法人とその理事との利益が相反する取引
　　2．前項の取引をした理事は、その取引の重要な事実を遅滞なく、理事会に報告しなければならない。
（責任の免除又は限定）
第33条　この法人は、役員の「法人法」第198条において準用される第111条第1項の賠償責任について、法令に定める要件に該当する場合には、理事会の決

議によって、賠償責任額から法令に定める最低責任限度額を控除して得た額を限度として、免除することができる。
　　2．この法人は、外部役員との間で、前項の賠償責任について、法令に定める要件に該当する場合には賠償責任を限定する契約を、理事会の決議によって、締結することができる。ただし、その契約に基づく賠償責任の限度額は、金10万円以上で予め定めた額と法令の定める最低責任限度額とのいずれか高い額とする。

第9章　名誉役員
（名誉役員）
第34条　この法人に名誉役員若干名を置くことができる。
　　2．名誉役員は、理事会の推薦に基づき、評議員会の議決を経て、会長が委嘱する。
　　3．名誉役員に関する規程は、理事会が定める。

第10章　理事会
（権限）
第35条　理事会は、次の職務を行う。
　　（1）この法人の業務執行の決定
　　（2）理事の職務の執行の監督
　　（3）会長、副会長、専務理事及び常務理事の選定及び解職
　　（4）代表理事及び業務執行理事の選定及び解職
（招集）
第36条　理事会は、会長が招集する。
　　2．会長が欠けたとき又は会長に事故あるときは、会長があらかじめ指名した理事が理事会を招集し、議長を務める。
（決議）
第37条　理事会の決議は、決議について特別の利害関係を有する理事を除く理事の過半数が出席し、その過半数をもって行う。
　　2．前項の規定にかかわらず、「法人法」第197条において準用する同法第96条の要件を満たしたときは、理事会の決議があったものとみなす。
（議事録）
第38条　理事会の議事については、法令で定めるところにより、議事録を作成する。
　　2．出席した会長及び監事が、前項の議事録に署名押印する。
（常務理事会）
第39条　理事会に付議すべき事項のうち、緊急の処理が求められる事項について審議する機関として、この法人に常務理事会を設置する。
　　2．前項の規定による常務理事会の組織及び運営に関する規程は、理事会が定める。

第11章　専門委員会
（専門委員会）
第40条　この法人の事業遂行のため必要があるときは、理事会の議決に基づき、専門委員会を置くことができる。
2．前項の規定による専門委員会の組織及び運営に関する規程は、理事会が定める。

第12章　事務局
（事務局）
第41条　この法人の事務を処理するために事務局を置く。

2．事務局長は、理事会の承認を得て、会長が任免する。
　　3．事務局に職員を置き、会長が任免する。
　　4．職員は有給とする。

第13章　定款の変更及び解散
（定款の変更）
第42条　この定款は、評議員会の決議によって変更することができる。
　　2．前項の規定は、この定款の第3条、第4条及び第17条についても適用する。
（解散）
第43条　この法人は、法令で定められた事由によって解散する。
（公益認定の取消し等に伴う贈与）
第44条　この法人が公益認定の取消しの処分を受けた場合又は合併により法人が消滅する場合（その権利義務を承継する法人が公益法人であるときを除く。）には、評議員会の決議を経て、公益目的取得財産残額に相当する額の財産を、当該公益認定の取消しの日又は当該合併の日から1ヶ月以内に、「認定法」第5条第17号に掲げる法人又は国若しくは地方公共団体に贈与するものとする。
（残余財産の帰属）
第45条　この法人が清算をする場合において有する残余財産は、評議員会の決議を経て、「認定法」第5条第17号に掲げる法人又は国若しくは地方公共団体に贈与するものとする。

第14章　公告の方法
（公告の方法）
第46条　この法人の公告は、電子公告により行う。
　　2．事故その他やむを得ない事由によって前項の電子公告をすることができない場合は、官報に掲載する方法による。

出所：日本サッカー協会

〈著者紹介〉

【編集】
多田　雅之　　（公認会計士　新日本有限責任監査法人　マネージャー）
佐藤　峻一　　（新日本有限責任監査法人　スポーツ事業支援室）

【執筆者】（五十音順）
赤木　敦　　　（公認会計士　新日本有限責任監査法人　マネージャー）
芦田　千晶　　（公認会計士　新日本有限責任監査法人　マネージャー）
池山　允浩　　（公認会計士　新日本有限責任監査法人）
池上　政史　　（公認会計士　新日本有限責任監査法人）
稲熊　苑子　　（公認会計士　公認不正検査士　新日本有限責任監査法人）
大西　洋平　　（ＥＹアドバイザリー株式会社）
尾﨑　慎亮　　（公認会計士　新日本有限責任監査法人　マネージャー）
金谷　晋介　　（公認会計士　新日本有限責任監査法人）
金子　美紀　　（公認会計士　新日本有限責任監査法人　マネージャー）
金丸　哲也　　（公認会計士　新日本有限責任監査法人）
神尾　祐太朗　（新日本有限責任監査法人）
清水　衛　　　（新日本有限責任監査法人）
蛇谷　光生　　（公認会計士　新日本有限責任監査法人）
首藤　洋志　　（公認会計士　新日本有限責任監査法人）
關次　勝　　　（公認会計士　新日本有限責任監査法人　マネージャー）
永井　秀知　　（金融内部監査士　新日本有限責任監査法人）
西田　多嘉浩　（公認会計士　新日本有限責任監査法人）
橋村　純　　　（ＥＹトランザクション・アドバイザリー・サービス株式会社）
林　　瞳　　　（公認会計士　新日本有限責任監査法人）
般若　克彦　　（公認会計士　新日本有限責任監査法人）
藤澤　俊輔　　（公認会計士　新日本有限責任監査法人）
三井　洋介　　（公認会計士　新日本有限責任監査法人　マネージャー）
矢野　拓也　　（新日本有限責任監査法人）
山田　浩之　　（公認会計士　新日本有限責任監査法人）

EY | Assurance | Tax | Transactions | Advisory

新日本有限責任監査法人について

新日本有限責任監査法人は，EY メンバーファームです。全国に拠点を持つ日本最大級の監査法人業界のリーダーです。監査および保証業務をはじめ，各種財務アドバイザリーの分野で高品質なサービスを提供しています。EY グローバルネットワークを通じ，日本を取り巻く経済活動の基盤に信頼をもたらし，より良い社会の構築に貢献します。詳しくは，www.shinnihon.or.jp をご覧ください。

EY について

EY は，アシュアランス，税務，トランザクションおよびアドバイザリーなどの分野における世界的なリーダーです。私たちの深い洞察と高品質なサービスは，世界中の資本市場や経済活動に信頼をもたらします。私たちはさまざまなステークホルダーの期待に応えるチームを率いるリーダーを生み出していきます。そうすることで，構成員，クライアント，そして地域社会のために，より良い社会の構築に貢献します。

EY とは，アーンスト・アンド・ヤング・グローバル・リミテッドのグローバルネットワークであり，単体，もしくは複数のメンバーファームを指し，各メンバーファームは法的に独立した組織です。アーンスト・アンド・ヤング・グローバル・リミテッドは，英国の保証有限責任会社であり，顧客サービスは提供していません。詳しくは，ey.com をご覧ください。

本書は一般的な参考情報の提供のみを目的に作成されており，会計，税務およびその他の専門的なアドバイスを行うものではありません。新日本有限責任監査法人および他の EY メンバーファームは，皆様が本書を利用したことにより被ったいかなる損害についても，一切の責任を負いません。具体的なアドバイスが必要な場合は，個別に専門家にご相談ください。

平成27年4月30日　初版発行　　　　略称：スポーツ団体

スポーツの未来を考える①
スポーツ団体のマネジメント入門
―透明性のあるスポーツ団体を目指して―

編　者　Ⓒ 新日本有限責任監査法人

発行者　　中　島　治　久

発行所　同 文 舘 出 版 株 式 会 社
東京都千代田区神田神保町1-41　〒101-0051
営業（03）3294-1801　　編集（03）3294-1803
振替 00100-8-42935　　http://www.dobunkan.co.jp

Printed in Japan 2015　　　　　　　　DTP：リンケージ
　　　　　　　　　　　　　　　　　印刷・製本：三美印刷

ISBN978-4-495-20181-4

JCOPY〈(社)出版者著作権管理機構 委託出版物〉
本書の無断複写は著作権法上での例外を除き禁じられています。複製される場合は，そのつど事前に，出版者著作権管理機構（電話 03-3513-6969，FAX 03-3513-6979, e-mail: info@jcopy.or.jp）の許諾を得てください。